中國學術思想

研究輯刊

十一編

林慶彰 主編

第 29 冊

《朱子晚年定論》與朱陸異同（下）

蔡龍九 著

花木蘭文化出版社

國家圖書館出版品預行編目資料

《朱子晚年定論》與朱陸異同（下）／蔡龍九 著 — 初版 — 新
北市：花木蘭文化出版社，2011〔民100〕
目 6+172 面；19×26 公分
（中國學術思想研究輯刊 十一編；第 29 冊）
ISBN：978-986-254-475-4（精裝）
1.（宋）朱熹　2.（宋）陸九淵　3. 學術思想　4. 理學
5. 比較研究
030.8　　　　　　　　　　　　　　　　100000806

ISBN-978-986-254-475-4

9 789862 544754

中國學術思想研究輯刊
十一編　第二九冊　　　　　　　ISBN：978-986-254-475-4

《朱子晚年定論》與朱陸異同（下）

作　　者　蔡龍九
主　　編　林慶彰
總 編 輯　杜潔祥
出　　版　花木蘭文化出版社
發 行 所　花木蘭文化出版社
發 行 人　高小娟
聯絡地址　新北市永和區中正路五九五號七樓之三
　　　　　電話：02-2923-1455／傳眞：02-2923-1452
網　　址　http://www.huamulan.tw 信箱 sut81518@ms59.hinet.net
印　　刷　普羅文化出版廣告事業
封面設計　劉開工作室
初　　版　2011 年 3 月
定　　價　十一編 40 冊（精裝）新台幣 62,000 元

《朱子晚年定論》與朱陸異同（下）

蔡龍九　著

目

次

第四章 陸、王與朱子中晚年思想之衡定

　　此章討論路線如下。第一節探究朱子中、晚年的思想內涵，此時期的思想探究範圍乃與《定論》相關者。筆者欲探究此期間朱子思想的轉折內容是否有著陽明所宣稱的層面，而有「同」的可能？另方面，陽明以「心與理一」來論說「同於朱子」，而朱子的「心與理一」的內涵爲何、是否眞同等於陽明？這些問題與釐清工作均於此節探討出，最後歸結出朱子思想中的儒家核心點。

　　第二節筆者針對陸、王思想作出儒學判定，而此衡定則可反駁反調和者批評陸、王爲「禪」或「告子」等相關內容。釐清之後，則可解決陸、王之學容易引起爭論的問題，並導出陸、王兩人的儒家思想核心點。

第一節　朱子思想及其轉折之相關探究

　　此節筆者欲探究兩方面議題；一是針對朱子思想的轉折作整理，檢閱朱子早年出入佛、老，至中、晚年思想等內容之後，以作出年代與思想方面的定位。<u>而此方面的「朱子思想內容」，則順著本文《定論》所欲談的「同」之相關論述爲討論範圍，即有關心性論以及工夫論的探究。</u>

　　二方面是，定位出朱子各年代的思想雛型後，針對陽明所欲求「同」的「心理合一」作出釐清，此釐清可顯示陽明與朱子學說中，雖同是儒學內涵卻有差異處。而此兩方面的談論過程，可帶出筆者下一章所欲談論的「工夫心」。

一、朱子思想的簡要定位

（一）朱子早年思想與學術轉型

朱熹十四歲時喪父，而後事師於武夷三先生，〔註1〕朱熹曾敘述其父親之說：

> 蓋先人疾病時，嘗顧語熹曰：「籍溪胡原仲、白水劉致中，屏山劉彥沖，此三人者，吾友也，其學者皆有淵源，吾所敬畏。吾即死，汝往父事之，而惟其言之聽，則吾死不恨矣。」熹飲泣受言不敢忘；既孤，則奉以告于三君子而稟學焉……。〔註2〕

而此時期的問學內容，朱子回憶時云：

> 初師屏山、籍溪。籍溪學於文定，**又好佛、老**；以文定之學爲論治道則可，而道未至，然於佛、老亦未有見。屏山少年能爲舉業，官莆田，接塔下一僧，能入定數日。後乃見了老，歸家讀儒書，以爲與佛合，故作〈聖傳論〉。其後屏山先亡，籍溪在。**某自見於此道未有所得，乃見延平**。〔註3〕

上述，朱子談論學於屏山劉子翬、籍溪胡憲，而劉子翬與胡憲之學均兼含佛、老（雖然胡憲有學於胡文定公，即胡安國）。朱子回憶於此時期乃屬「未得」，後來方得見於延平；而此「未得」乃針對於「儒學」來說的；此外又云：

> **某年十五六時，亦嘗留心於此**。一日在病翁所會一僧，與之語。其僧只相應和了說，也不說是不是；卻與劉說，**某也理會得箇昭昭靈靈底禪**。劉後說與某，某遂疑此僧更有要妙處在，遂去扣問他，見他說得也然好。及去赴試時，便用他意思去胡說。是時文字不似而今細密，由人粗說，試官爲某說動了，遂得舉。時年十九。〔註4〕

上述之「病翁」即劉子翬，〔註5〕此乃朱子回想早年時期，於劉子翬住處學習時，自身曾涉入佛學，且以禪意答赴試之文而得舉。〔註6〕此外，又云：

〔註1〕 《朱熹年譜長編》，頁73記載紹興十三年（1143年），朱子十四歲時喪父。其父疾革時手書以家事託劉子羽，命朱熹稟學於武夷三先生：「籍溪胡憲、白水劉勉之、屏山劉子翬……。」

〔註2〕 《朱子文集》〈屏山先生劉公墓表〉卷九十，頁4389。

〔註3〕 《朱子語類》〈朱子一・自論爲學工夫〉卷一百四，頁2619。

〔註4〕 《朱子語類》〈朱子一・自論爲學工夫〉卷一百四，頁2620。

〔註5〕 《朱子文集》〈屏山先生劉公墓表〉卷九十，頁4390朱子有提及劉屏山先生自號「病翁」。

〔註6〕 《朱熹年譜長編》，頁116記載，朱熹於紹興十八年（1148年）十九歲時，參加省試，以道謙禪說中舉。

熹天資駑鈍，自幼記問言語不能及人，以先君子之餘誨，頗知有意
於爲己之學，而未得其處，蓋出於釋、老者十餘年……。〔註7〕

上述，朱子自身承認「出入佛老」十餘年，然而朱子早年時期並非只有佛、
老之學；其自云：

某年十五六時，讀《中庸》「人一己百，人十己千」一章，因見呂與
叔解得此段痛快，讀之未嘗不竦然警厲奮發！人若有向學之志，須
是如此做工夫方得。〔註8〕

而近世大儒，如河南程先生、橫渠張先生嘗發明之……。**熹自十四、
五時得兩家之書讀之**……。〔註9〕

先生因編《孟子要指》云：「《孟子》若讀得無統，也是費力。**某從
十七八歲讀至二十歲**，只逐句去理會，更不通透。**二十歲以後，方
知不可恁地讀**……。」〔註10〕

讀書須是以自家之心體驗聖人之心。少間體驗得熟，自家之心便是
聖人之心。**某自二十時看道理，便要看那裏面**。〔註11〕

上述，乃朱子早年得讀儒家經典與理學書籍之時間點，亦爲朱子「出入佛老」
之期間；於此可見，朱子早年雖然「出入佛老」但非「僅有佛老」而已。其
中，朱子對儒家經典頗有體會，更說出「自家心便是聖人之心」。然而此時期，
朱子對佛、老之求知態度亦濃，曾師於道謙；〔註12〕有云：

熹於釋氏之說，蓋嘗師其人，尊其道，求之亦切至矣；然未能有得！
〔註13〕

我昔從學，讀《易》、《語》、《孟》。觀究古人，之所以聖……。開悟
之說，不出於禪。我於是時，則願學焉。師出仙洲，我寓潭上……。
未及一年，師以謗去。我以行役，不得安住。〔註14〕

〔註7〕　《朱子文集》〈答江元適一〉卷三十八，頁1585。
〔註8〕　《朱子語類》〈性理一〉卷四，頁66。
〔註9〕　《朱子文集》〈答宋深之〉卷五十八，頁2816。
〔註10〕　《朱子語類》〈論自注書·孟子要指〉卷一百五，頁2630。
〔註11〕　《朱子語類》〈朱子十七·訓門人八〉卷一百二十，頁2887。
〔註12〕　《朱熹年譜長編》，頁116記載，朱熹於紹興二十年（1150年）二十一歲時，
　　　　　道謙自衡陽歸密庵，朱熹屢至山中與道謙朝夕咨參問道。
〔註13〕　《朱子文集》〈答汪尚書二〉卷三十，頁1135。
〔註14〕　此書見於束景南：《朱熹年譜長編》，頁154所引之朱熹〈祭開善謙禪師文〉。

上述乃朱子入釋氏之學的證據；據束景南所考，紹興二十一年（1151 年）朱子二十二歲時建齋室名「牧齋」。〔註15〕而後道謙卒於朱子二十三歲時，但朱子並非馬上轉向儒學，亦於該年修習道術。〔註16〕而後一年即二十四歲作〈牧齋記〉，內容有著朱子此些年來出入佛、老的心路歷程：

> 余爲是齋居之三年矣，饑寒危迫之慮，未嘗一日弛於其心，非有道路行李之勞，疾病之憂，則無一日不取《六經》、百氏之書，以誦之於茲也……。然古之君子，一簞食瓢飲，而處之泰然，未嘗有戚戚乎其心……。孔子曰：「貧而樂。」又曰：「古之學者爲己。」其然也，豈以饑寒者動其志，豈以挾策讀書者而謂之學哉？〔註17〕

上述，可略知朱子此居齋三年期間頗爲困頓，然其所學內涵則有《六經》與百氏之說，後以孔子之言訓誡於己，可知此時期諸多思想皆納於朱子之學習內容。而朱子正式轉爲儒學宗旨，則至紹興二十七年（1157 年）朱子二十八歲正式從學李侗開始，〔註18〕雖然朱子在此之前見過李侗多次，〔註19〕然均未正式入其門下，至入延平之學後，朱子始漸逃於禪。

既然朱子早年並非「僅有佛老」之學而夾雜儒學內涵，但此時期的談論如何定位？可說因受到「佛老」故此時其所談之「儒家思維」不可取？若取之，則又如何判斷？觀朱子自身談論，有云：

> 後赴同安任，**時年二十四五矣**，始見李先生。與他說，李先生只說不是。某卻倒疑李先生理會此未得，再三質問。李先生爲人簡重，卻是不甚會說，只教看聖賢言語。某遂將那禪來權倚閣起。意中道，禪亦自在，且將聖人書來讀。讀來讀去，一日復一日，覺得聖賢言語漸漸有味。卻回頭看釋氏之說，漸漸破綻，罅漏百出！〔註20〕

〔註15〕《朱熹年譜長編》，頁 146～148。

〔註16〕《朱熹年譜長編》，頁 153～155 記載，朱熹於紹興二十二年（1152 年），時朱子二十三歲，「道謙卒，有文往祭之」。「冬間，齋居修道，作焚修室，擬〈步虛辭〉，仿道士步虛焚修。」

〔註17〕《朱子文集》〈牧齋記〉卷七十七，頁 3856～3857。

〔註18〕《朱熹年譜長編》，頁 225 記載紹興二十七年（1157 年），朱子二十八歲：「始有書致延平李侗問學，六月二十六日，李侗有答書，勉其於涵養處用力。從學延平李侗始於此。」

〔註19〕《朱熹年譜長編》，頁 162 記載，紹興二十三年（1153 年）朱子二十四歲時「經南劍，見延平李侗，與談學禪有得，不爲李侗所肯。」而頁 37 記載紹興五年（1135 年）朱子六歲時初見延平。

〔註20〕《朱子語類》〈朱子一・自論爲學工夫〉卷一百四，頁 2620。

朱子認爲，因其師延平道出禪學之誤，而朱子自己也將聖人之書反覆研讀，終認爲釋氏之說爲非，如此早年時期出入佛、老，其中的「儒學」如何看待之？筆者認爲，此自無法明確證明朱子早年之「儒」是否「爲儒」或「非儒」，但筆者欲表明，朱子的早年思想雖雜，然而於三十歲以前即反歸儒家宗旨；然此「宗旨」乃李侗、羅從彥、楊龜山之「主靜以觀未發」之相傳宗旨，故筆者相當贊成束景南先生對此時期的朱子所下之標語：「從學延平，從主悟到主靜」的這一個過程。〔註21〕而且，此時朱子之「靜」亦非僅能解釋爲釋氏涵義之「靜」了。

　　故總括上述諸文來說，朱子「早年」時期，除讀得《孟子》、《中庸》等書，更已自李侗得到理學要旨，而上溯於羅從彥、楊龜山，而至二程學說等。〔註22〕筆者認爲，陽明所欲說的「同」之部分內容於此即可見之，只是陽明未引述。而此時期朱子的談論，若說有所「同」於《定論》所欲表達者，則紹興二十八年（1158）朱子二十九歲時所作之〈存齋記〉之內容；筆者認爲此篇可作爲朱子出入佛、老之後而轉向儒學的一項代表其思想的作品：

> 予吏同安，而遊於其學，嘗私以所聞語其士之與予遊者，於是得許生升之爲人而敬愛之……。一日，生請於予曰：「升之來也，吾親與一二昆弟相爲築環堵之室，於敝廬之左，將歸，翳蓬藋而居焉，惟夫子爲知升之志，敢請所以名之者，而幸教之，則升之願也。」予辭謝不獲……。於是以「存」名其齋，而告之曰：「予不敏，何足以知吾子，然今也以是名子之齋，則於吾子之志，竊自以爲庶幾焉耳矣。而曰：『必告子以其名之』之說，則是說也。吾子既自知之，予又奚以語吾子？抑嘗聞之，人之所以位天地之中而爲萬物之靈者，心而已矣。然心之爲體，不可以聞見得，不可以思慮求。謂之有物，則不得於言；謂之無物，則日用之間無適而非是也。君子於此，亦將何所用其力哉？『必有事焉而勿正，心勿忘，勿助長』，則『存之』之道也。如是而存，存而久，久而熟，心之爲體，必將瞭然有見乎

<hr>

〔註21〕《朱子大傳（上）》〈第五章從學延平：從主悟到主靜〉，（北京：商務印書館，2003 年 4 月 1 版），頁 168～198 之標題。

〔註22〕朱子正式入李侗之學前，與李侗已有書信往來、問學等；而朱子自身亦對理學傳統有所認知與支持，例如紹興二十五年 10 月一日（1155 年），朱子二十六歲時，二程之學因張震中勒而禁，而秦檜死後終得解禁，而朱子亦於同月二十二日，主倡程學。此段考據詳見束景南：《朱熹年譜長編》，頁 197～198。另外，頁 219 中，記載紹興二十六年（1156 年），朱子二十七歲時：「在泉客邸潛讀《孟子》，通曉《孟子》意脈，《孟子集解》始於此。」

參倚之間，而無一息之不存矣。此予所以名齋之說，吾子以爲如何？」
生作而對曰：「此固升之所願學而病未能者，請書而記諸屋壁，庶乎
其有以自礪也。」予不獲讓，因書以授之，俾歸刻焉。紹興二十八
年九月甲申，新安朱熹記。〔註23〕

上述，乃朱子早年時期跳脫佛、老的一項重要歷程證明；朱子爲許升作此〈存
齋記〉，乃欲提醒孟子之「存心」而以「必有事焉而勿正，心勿忘，勿助長」
操作之，則可存、可久、可熟也。然而其中所謂「心之爲體，不可以見聞得，
不可以思慮求」是否爲佛氏語意？筆者認爲不是。因爲朱子已欲從「日用之
間」體驗此心，加以孟子「存心」與「必有事焉」的操作，自然落實至人倫
日用之事。因此此篇顯示朱子已從二氏中逐漸偏往儒家心學要旨。

上述乃筆者總括朱子早年思想之轉變流程大要，然而在「早年」過渡至
所謂「中和新舊說」時期之過程，朱子亦有許多問學歷程。例如朱子研讀周
敦頤之著作以及涉及「太極」之論說，以及持續研讀《論》、《孟》，受於龜山
門下相傳之訣而涉入主敬存養等。茲以與李侗之答問述說之：

庚辰五月八日書云：「某晚景別無他，唯求道之心甚切。雖間能窺測
一二，竟未有灑落處。以此兀坐，殊憒憒不快……。大率吾輩立志
已定，若看文字，心慮一澄然之時，略綽一見，與心會處，便是正
理。若更生疑，即恐滯礙。《伊川語錄》中有記明道嘗在一倉中坐見
廊柱多，因默數之，疑以爲未定，屢數愈差，遂至令一人敲柱數之，
乃與初默數之數合，正謂此也……。**曩時某從羅先生學問，終日相
對靜坐，只說文字，未嘗及一雜語**。先生極好靜坐，某時未有知，
退入室中，亦只靜坐而已。**先生令靜中看喜怒哀樂未發之謂中，未
發時作何氣象**，此意不唯於進學有力，兼亦是養心之要。元晦偶有
心差不可思索，更於此一句內求之靜坐看如何，往往不能無補
也……。」〔註24〕

承惠示：「濂溪遺文與潁濱《語》、《孟》，極荷愛厚，不敢忘不敢忘。
《通書》向亦曾見一二，但不曾得見全本。今乃得一觀，殊慰卑抱
也……」。〔註25〕

〔註23〕《朱子文集》〈存齋記〉卷七十七，頁3855～3856。
〔註24〕《朱子遺書》〈延平答問〉（臺北：藝文印書館，民國58年5月初版），頁13。
〔註25〕《朱子遺書》〈延平答問〉，頁14。

上述之文，乃庚辰年（紹興三十年，1160 年）朱子三十一歲受教於李侗之問答內容，其中李侗述說從學羅豫章之「靜坐」而看未發氣象之旨；李侗認爲此亦是「養心」之要，勸勉朱子嘗試於此。而後文，則表示朱子已曾得濂溪遺文且予於李侗，更得蘇轍（穎濱）之《論》、《孟》而予李侗；可見朱子此時亦博文也。然而，朱子此時得龜山門下相傳指訣卻不達，故李侗持續勸勉；有云：

> 庚辰七月書云：「某自少時從羅先生學問，彼時全不涉世，故未有所聞入先生之言，便能用心靜處尋求，至今淟汨憂患磨滅甚矣。四五十年間，每遇情意不可堪處，即猛省提掇以故初心，未嘗忘廢，非不用力，而迄于今更無進步處。常切靜坐思之，疑於持守及日用儘有未合處，或更有關鍵未能融釋也。向來嘗與夏丈言語……渠乃以釋氏之語來相淘，終有纖奸打訛處，全不是吾儒氣味，旨意大段各別，當俟他日相見劇論可知。大率今人與古人學殊不同，如孔門弟子羣居終日相切摩，又有夫子爲之依歸，日用間相觀感而化者甚多，恐於融釋而脫落處，非言說可及也。不然，子貢何以謂：『夫子之言性與天道不可得而聞』耶？元晦更潛心於此，勿以老邁爲戒而怠於此道……。」〔註26〕

上述，從李侗之勸勉內容可知朱子對此靜坐以體認「未發」仍有未達處，此外，李侗又特別說明「靜坐」以體未發之氣象，並與夏丈解釋此非釋氏之學，故依此提醒與朱子說：「當俟他日相見劇論可知。」並提醒朱子關於「非言說可及」之學亦有，且非妄也。直至辛巳年，即紹興三十一年（1161 年）朱子三十二歲時，於此「靜坐」以體驗「未發」終得李侗之讚賞，其云：

> 辛巳五月二十六日……。「承諭，近日學履甚適，向所耽戀不灑落處，今已漸融釋。此便是道理進之效，甚善、甚善！思索有窒礙，及於日用動靜之間有咈戾處，便於此致思，求其所以然者，久之自循理爾。」〔註27〕

上述可知朱子得李侗讚之「向所耽戀不灑落處，今已漸融釋。」然而此時之朱子，對此種「未發」工夫事實上雖得稱讚，但仍未徹底；直至與張栻論述中和，方得「中和舊說」與「中和新說」而實掌握涵養未發之說。

〔註26〕《朱子遺書》〈延平答問〉，頁 15。
〔註27〕《朱子遺書》〈延平答問〉，頁 21。

（二）排佛、老返儒至「中和新舊說」時期的朱子

1、朱子闢佛、老之最初代表作《雜學辨》

上小節，筆者已大略交代朱子從學李侗及對「未發之中」的入門過程，已能漸離二氏。然而正式闢佛、老之說，則可以朱子三十五歲所作之《雜學辨》（三十五歲時作，三十七歲時編集行之）作爲代表。〔註28〕雖然朱子闢佛、老於晚年亦有，而作《雜學辨》之前亦有跳脫佛、老之努力；然《雜學辨》代表早年進入中年時期之朱子返歸儒門的重要專著，故筆者簡述之。

乾道二年（1166 年）朱子三十七歲時，可謂相當具代表性的一年。此年三月，編周敦頤《通書》；五月，始與何鎬（叔京）論學；六月，蔡元定（季通）始來問學、與張栻始論「已發未發」而建立「中和舊說」；七月，修訂《孟子集解》、編訂《二程語錄》；八月，何叔京再次來訪，朱子與之談論「中和之說」而始悟「主敬」，並且刻版《論孟要義》、編訂《張載集》；十月，與張栻、劉珙校正《二程先生文集》，另外，朱子又自編集《雜學辨》行之。〔註29〕

上述，何叔京、蔡季通、張栻等人均以朱子後來論「中和」有著密切關聯；筆者則於下小節談論。而此小節論述《雜學辨》而提及上述多項事件，乃欲額外說明朱子三十七歲時，其思想脫於佛、老而轉返理學之現象；綜述如下。

（1）《雜學辨》之著作用意

朱子之《雜學辨》主要針對〈蘇氏易解〉、〈蘇黃門老子解〉、〈張無垢中庸解〉、〈呂氏大學解〉四文作出評論。朱子此書，何叔京爲其作跋，有云：

> 夫浮屠出於夷狄，流入中華，其始也言語不通，人固未之惑也。晉、宋而下，士大夫好奇嗜怪，取其侏離之言而文飾之，而人始大惑矣！非浮屠之能惑人也，導之者之罪也……。二蘇、張、呂豈非近世所謂顯貴之士乎？而其學乃不知道德性命之根原，反引老、莊、浮屠不經之說，而紊亂先王之典，著爲成書，以行於世……。新安朱元晦，以孟子之心爲心，大懼吾道之不明也，弗顧流俗之譏議，嘗即其書，破其疵繆，鍼其膏肓，使讀者曉然知異端爲非，而聖言之爲正也。學者苟能因其說而求至當之歸，則諸家之失不逃乎心目之間，非特足以悟疑辨惑，亦由是可以造道焉。故余三復而樂爲之書云。

〔註28〕《朱熹年譜長編》，頁 328 記載朱子三十五歲成《雜學辨》，而頁 365 記載三十七歲編集《雜學辨》發行之。

〔註29〕上述朱子三十七歲之考據內容，參照束景南：《朱熹年譜長編》，頁 347～366。

乾道丙戌孟冬晦日，臺溪何鎬謹跋。〔註30〕

上述，何叔京相當肯定朱子闢佛、老之作，而其中二蘇、張、呂之言，乃蘇軾之《東坡易傳》、蘇轍之《道德經注》、張無垢之《中庸說》、呂本中所解讀之《大學》；〔註31〕而朱子自身曾云：

> 《雜學辨》出於妄作，乃蒙品題過當，深懼上累知言之明，伏讀恐悚不自勝……。〔註32〕

上述乃朱子自謙之詞，而筆者之談論並非探究朱子對此四人之批評是否爲正確，亦非認爲朱子對佛、老之見絕對無誤，而是《雜學辨》反應出朱子早年出入佛、老之後的一個確定態度；而朱子針對《雜學辨》的著作用意則云：

> 蘇氏不知其說，而欲以其所臆度者言之，又畏人之指其失也，故每爲不可言、不可見之說以先後之，務爲閃倏滉漾不可捕捉之形，使讀者茫然，雖欲攻之，而無所措其辯。殊不知性命之理甚明，而其爲說至簡……。然道衰學絕，世頗惑之，故爲之辨……。〔註33〕

> 蘇侍郎晚爲是書，合吾儒於老子，以爲未足，又并釋氏而彌縫之，可謂舛矣。然其自許甚高，至謂「當世無一人可與語此者」，而其兄東坡公亦以爲「不意晚年見此奇特」。以予觀之，其可謂無忌憚者與！因爲之辨……。應之曰：「予之所病，病其學儒之失而流於異端，不病其學佛未至而溺於文義也。其不得已而論此，豈好辨哉？誠懼其亂吾學之傳，而失人心之正耳……。」〔註34〕

上述第一引文，乃《雜學辨》第一個批評的對象爲蘇軾之《東坡易傳》，而第二引文之批評則爲蘇轍之《道德經注》。筆者觀朱子對二蘇之論，事實上早有意見在先；例如：

> 講學**近見延平李先生，始略窺門户**，而疾病乘之，未知終得從事於斯否。大概此事，以涵養本原爲先……。示諭蘇、程之學，愚意二家之說，不可同日而語；黃門議論所守，僅賢其兄，以爲「顏子以來一人而已」，恐未然……。〔註35〕

〔註30〕 《朱子文集》〈雜學辨·跋〉卷七十二，頁3633。
〔註31〕 關於呂本中解《大學》之書似亡佚，筆者僅能從朱子文中得知呂氏之說。
〔註32〕 《朱子文集》〈答何叔京四〉卷四十，頁1704。
〔註33〕 《朱子文集》〈雜學辨·蘇軾易解〉卷七十二，頁3594。
〔註34〕 《朱子文集》〈雜學辨·蘇黃門老子解〉卷七十二，頁3603～3604。
〔註35〕 《朱子文集》〈別集·答程欽國〉卷三，頁5146～5147。

> 蘇氏議論，切近事情，固有可喜處，然亦譎矣……。《孟子集解》雖
> 已具藁，然尚多所疑，無人商榷……。蘇黃門謂之近世名卿則可，
> 前書以顏子方之，僕不得不論也……。蘇公早拾蘇、張之緒餘，晚
> 醉佛、老之糟粕，謂之知道可乎？〔註36〕

上述第一引文，從「始見延平」、「始略窺門戶」可推知時間點，而束景南先
生考據此時朱子三十一歲；〔註37〕該文中，程欽國（後更字允夫）示朱子蘇
轍與二程之學，但朱子認為二家之說並非同然，故說「不可同日而語」。而第
二引文中，朱子針對蘇轍之《孟子集解》提出質疑，對程允夫稱讚蘇轍為「顏
子」頗不以為然，且特別點出蘇轍晚醉佛、老之實，故並未「知道」。此外，
朱子三十五歲時，與汪尚書談論二蘇時又云：

> 至於王氏、蘇氏，則皆以佛、老為聖人，既不純乎儒者之學矣，非
> 其惡如此，特於此可驗其於吾儒之學無所得……。至若蘇氏之言，
> 高者出入有無，而曲成義理，如《易》之性命、陰陽，《書》之人心、
> 道心……。下者指陳利害而切近人情，蘇氏此等議論，不可殫舉；
> 且據《論語》，則東坡之論見陽貨，子由之論彼子西，皆以利害言之
> 也。〔註38〕

上述，朱子認為二蘇之言皆入佛、老，說明從二人之著作中即可看出蘇氏二
人的議論皆無所得於儒學。朱子對蘇氏學說之談論大致如上所述，而約同此
時期的〈答程允夫三〉、〈答程允夫四〉二書中亦多談論有關二蘇之學，且批
評意味亦濃厚；〔註39〕尤其認為二程絕非蘇氏可比之者，有云：

> 吾弟乃謂其躬行不後二程，何其考之不詳，而言之之易也！二程之
> 學，始焉未得其要，是以出入佛、老，及其反求而得諸《六經》也，
> 則豈固以佛、老為是哉？如蘇氏之學，則方其年少氣豪，固嘗妄觝
> 禪學……。及其中歲，流落不偶，鬱鬱失志，然後匍匐而歸焉，始
> 終迷惑，進退無據。以比程氏，正楊子「先病後瘳，先瘳後病」之

〔註36〕《朱子文集》〈答程允夫一〉卷四十一，頁1763～1765。
〔註37〕《朱熹年譜長編》，頁264。
〔註38〕《朱子文集》〈答汪尚書四〉卷三十，頁1141。對照〈答汪尚書三〉文前記載
　　　　作於七月十七日，乃同於甲申年作，即隆興二年（1164年）朱子三十五歲時。
〔註39〕朱子與程允夫論學多書，關於兩人談論蘇轍之學，可見於《朱子文集》卷四
　　　　十一之〈答程允夫一〉、〈答程允夫三〉、〈答程允夫四〉三書中；其中包含程
　　　　允夫對蘇氏與二程的贊同，以及朱子如何反駁、澄清之內涵。

說……。〔註40〕

上述，朱子認爲二程之學後反諸《六經》，非以佛、老爲是，而蘇轍之說並非如此，認爲蘇轍年少時曾反對禪學，但中晚年放蕩不羈而歸於虛寂，批評其「始終迷惑」。總括來說，朱子對二蘇之學的批評態度已經達言語激烈程度，茲再以一小段朱子的論述，來總結朱子之所以將二蘇之學作入《雜學辨》的原因：

> 蘇氏之學雖與王氏若有不同者，然其不知道而自以爲是則均焉……。其不爲王氏者，特天下未被其禍而已。其穿鑿附會之巧，如來教所稱論成佛、說老子之屬，蓋非王氏所及。而其心之不正，至乃謂湯、武篡弑，而盛稱荀彧，以爲聖人之徒。凡若此類，皆逞其私邪，無復忌憚，不在王氏之下。〔註41〕

上述，朱子對蘇氏之學可謂痛恨，認爲其說乃佛、老，而且心術不正；至於朱子對於二蘇之著作內容的批評，筆者於下小節論述。此再簡談《雜學辨》另外批評的張無垢（九成）與呂本中（居仁）之前事；其云：

> 張公始學於龜山門下，而逃儒以歸於釋，既自以爲有得矣。而其釋之師與之曰：「左右既得欛柄入手，開導之際，當改頭換面，隨宜說法，使殊途同歸……。」用此之故，凡張氏所論著，皆陽儒而陰釋……。〔註42〕

> 呂氏之先，與二程夫子遊，故其家學，最爲近正。然未能不惑於浮屠、老子之說，故其末流不能無出入之弊……。〔註43〕

張九成爲龜山門下，《宋元學案》有〈橫浦學案〉記之，〔註44〕而呂本中（字居仁）爲呂祖謙之祖，《宋元學案》於〈紫微學案〉記之。〔註45〕而朱子與汪尚書論學時，曾對呂氏之說亦頗有微詞；有云：

> 是以不勝拳拳，每以儒釋邪正之辨爲說……。大抵近世言道學者失於太高，讀書講義，率常以徑易超絕、不歷階梯爲快……。理既未

〔註40〕 《朱子文集》〈答程允夫三〉卷四十一，頁1767。
〔註41〕 《朱子文集》〈答汪尚書五〉卷三十，頁1144～1145。此書前文記載作於十一月；對照前書〈答汪尚書三〉可知作於同甲申年，即隆興二年（1164年）朱子三十五歲時。
〔註42〕 《朱子文集》〈雜學辨‧張無垢中庸解〉卷七十二，頁3608。
〔註43〕 《朱子文集》〈雜學辨‧呂氏大學解〉卷七十二，頁3629。
〔註44〕 《宋元學案》〈橫浦學案〉卷四十，頁86～100。
〔註45〕 《宋元學案》〈紫微學案〉卷三十六，頁26～37。

盡，而胸中不能無疑，乃不復反求諸近，顧惑於異端之說，益推而置諸冥漠不可測知之域，兀然終日……。殊不知物必格而後明，倫必察而後盡，格物只是窮理，物格即是理明；此乃《大學》功夫之始……。近世儒者語此，似亦太高矣。**呂舍人書別紙錄呈。**彼既自謂廓然而一悟者，其於此猶懵然也，則亦何以悟爲哉？〔註46〕

上述，朱子與汪尚書談論近世儒者頗受佛、老之學影響而往往立論高調，故有「徑易超絕」、「不立階梯」之現象。文中朱子強調《大學》「格物」工夫，以點出爲學起點，並提及「呂舍人」（即呂本中）所論之《大學》內涵於汪尚書。文中不難看出，朱熹指責對方「廓然於一悟」，乃以闢佛爲用意的談論。

（2）《雜學辨》的內容大要與兩方面意義

上述簡要述說朱子作《雜學辨》之大要與用意，此小節簡閱朱子談論之內容後，提出兩個方面之意義；其一，朱子於《雜學辨》以及相關談論中，確實明確表達出闢佛、老之堅持。其二，朱子之批評內容亦頗有偏執過度處，而此現象可謂其年輕氣盛之語，並突顯了朱子並未從對方的思維脈絡來反省其中的合理性，而多以自身的思維層次來批評對方不可僅思維單一層面。〔註47〕筆者認爲朱子批評過度之處甚多，僅舉數例談論之，以歸結出此時期之朱子雖欲闢佛、老卻有批評過度之現象。

筆者觀蘇軾解《易》之內容，的確有朱子所批評之「虛」，然而朱子亦有批評過當之處，其云：

「大哉乾元，萬物資始，乃統天。」蘇曰：「此論元也。元之爲德，不可見也，所可見者，萬物資始而已。天之德不可勝言也，惟是爲能統之。」愚謂：四德之元，猶四時之春，五常之仁，乃天地造化發育之端，萬物之所從出，故曰「萬物資始」，言取始於是也。存而察之心目之間，體段昭然，未嘗不可見也。惟知道者乃能識之，是以蘇氏未之見耳……。〔註48〕

────────────

〔註46〕《朱子文集》〈答汪尚書三〉卷三十，頁1137～1138。此書文前記載作於甲申六月，即隆興二年（1164年），朱子三十五歲時。

〔註47〕此點毛病朱子頗常出現；例如對手較喜愛談論抽象之道，而朱子卻僅能接受「道不離器」的這種談論，若對手沒有談論至「器」層面，就批評對方「寂滅」、「虛」等，因此不識「道」。筆者認爲，人皆有自由僅「單論」抽象層面的「道」，若因此方向論述「道」就受批評，則突顯對手某種程度的偏見。筆者認爲此時期的朱子，雖脫離佛、老，但矯枉過正，其中批評內容多有過度、強勢之處。

〔註48〕《朱子文集》〈雜學辨・蘇軾易解〉卷七十二，頁3594。

上述，蘇軾解「乾元」此抽象意涵，論其「不可見」，而於「萬物資始」時方可見之，筆者認為應無問題。但朱子認為「存而察之心目之間」即可見之，並說明「知道者」可見，只是蘇軾未見而已。但朱子晚年時期，談論「理」或「道」亦曾強調其「本身不可見」而於日用間則「可見之」，〔註49〕此故無疑；然蘇軾所謂「不可見」，乃言「乾元」本身，且亦有說可見於「萬物資始」，事實上與朱子之「日用見可見」頗類同，只是蘇軾較偏向形上層面之論述，且喜愛以老子之說詮釋《易》；故蘇軾有云：

> 聖人知道之難言也，故借陰陽以言之，曰：「一陰一陽之謂道。」「一陰一陽」者，陰陽未交，而物未生之謂也。喻道之似，莫密於此者矣……！老氏識之，故其言曰：「上善若水。」又曰：「水幾於道。」聖人之德，雖可以名，而不囿於一物，若水之無常形，此善之上者，幾於道矣，而非道也！若夫水之未生，陰陽之未交，廓然無一物，而不可謂之無有，此真道之似也。〔註50〕

上述，蘇軾之說筆者認為應無問題，而後舉老子之說乃其個人立場；蘇軾認為聖人將「一陰」、「一陽」分而說之，乃是形述「未交」之狀態，故此時萬物未生成，而依此喻道之狀態。後蘇軾引老子之「水」喻，來陳述「道」有如「水」之「善利萬物而不爭」，〔註51〕更以「水」之狀態不囿於一物，而「形此之上」者方「幾於道」。後又言陰陽未交之狀態、廓然無一物時，此時仍不

〔註49〕《朱子語類》〈性理三〉卷六，頁111：「理無迹，不可見，故於氣觀之。要識仁之意思，是一箇渾然溫和之氣，其氣則天地陽春之氣，其理則天地生物之心。今只就人身己上看有這意思是如何。」又《朱子語類》〈論語六‧為政篇下〉卷二十四，頁579：「可見底是器，不可見底是道。理是道，物是器。」《朱子語類》〈論語十八‧子罕篇上〉卷三十六，頁975：「道不可見，因從那上流出來。若無許多物事，又如何見得道？便是許多物事與那道為體。水之流而不息，最易見者。如水之流而不息，便見得道體之自然。此等處，閒時好玩味。」此一再說明「道」或「理」本身不可見，但可從可體之層面去理解抽象之「理」或「道」。筆者認為，朱子此說兼顧「道之無形」與「可體驗之」的這種連貫論述，朱子自身也無法否定「理不可見」的這種論述，而只能以氣或器之層面觀之、訴諸日用而體之；然而蘇軾之說並沒有否定此連結，只是較偏向抽象形述的「道」本身而已。

〔註50〕《朱子文集》〈雜學辨‧蘇軾易解〉卷七十二，頁3599。

〔註51〕陳鼓應：《老子今註今譯》〈第八章〉，（臺北：台灣商務印書館，民國75年10月修訂十一版），頁：「上善若水。水善利萬物而不爭，居眾人之所惡，故幾于道。居善地，心善淵，與善仁，言善信，政善治，事善能，動善時。夫唯不爭，故無尤。」

可說「無」，而是「道之似」。

蘇軾之說，就其理論脈絡來說應無問題，對於形而上之「道」的層次論述亦屬合理，並以「水」之不囿一物來說聖人之德，而「道」又更甚於此，故更無法明確言之，頗有獨立自存的抽象之「道」的恆存形述；故此「道」只能「喻」之。但朱子不以為然，批評云：

> 陰陽之端，動靜之機而已，動極而靜，靜極而動，故陰中有陽，陽中有陰，未有獨立孤居者，此一陰一陽所以為道也。今曰：「一陰一陽者，陰陽未交，而物未生」、「廓然無一物，不可謂之無有者，道之似也」，然則，道果何物乎？此皆不知道之所以為道，而欲以虛無寂滅之學，揣摸而言之，故其說如此。〔註52〕

筆者認為，上引文朱子之批判頗為過度，雖然朱子之說亦有其合理處。朱子認為於「陰陽未有獨立孤居者」，反對陰陽未交而無物存在時來說「道」，因為陰陽只有在相交時方呈顯意義、方可觀「道」，故朱子說「此一陰一陽所以為道也。」後以蘇軾抽象形述「道」為「虛無寂滅之學」來批評，則顯朱子之魯莽。因為蘇軾言形而上之「道」不可說，且說「無一物時」仍不可謂之「無有」，已說明「道」之恆存地位且並非寂滅；而且此述說類似朱子晚年自身所言的：「且如萬一山河大地都陷了，畢竟理卻只在這裏。」〔註53〕的這一種對「理」偏向恆存地位的表示，但筆者說「頗類似」，乃因朱子總是以「道器合一」的方式來述說，而不直接談論這種「物未生時」的「道」。

筆者認為，朱子刻意強調「道器不離」的立場，故單一談論抽象之「道」即批評為非；而「道」之形述問題，基本上朱子也無法明確形述之，頂多是從可體之器物層面去體認抽象之「道」或「理」，因此蘇軾談論此抽象之「道」時，以言語「喻之」並非錯誤，朱子不可強迫他人不可「喻之」。更深層來說，

〔註52〕《朱子文集》〈雜學辨‧蘇軾易解〉卷七十二，頁 3599～3600。
〔註53〕《朱子語類》〈理氣上‧太極天地上〉卷一，頁 4。又頁 1 云：「曰：『未有天地之先，畢竟也只是理……。有理，便有氣流行，發育萬物。』……曰：『有此理，便有此氣流行發育；理無形體。』曰：『所謂體者，是強名否？』曰：『是。』」又頁 3 云：「理與氣本無先後可言；但推上去時，卻如理在先，氣在後相似。」上述談論皆朱子較晚時期的說法，但從中可知朱子對於抽象、形而上之「理」的形述。若單純論「理」時，曾說「天地之先」、「強名」、「理先氣後」的這種方向，此時朱子與蘇氏之論「道」有著細微差異，但敘述形而上均難免以「虛」的層面形述之，故筆者認為朱子大可不必批評蘇氏對形而上之「道」的「喻」，或是批評他的個人解讀是「虛無寂滅」。

蘇軾所談之「道」與朱子從器用層面所體驗之「道」有著不同層次，蘇軾乃談論形而上之「道」本身狀態，頗有道家意味，而朱子則是著重「道」下放於形器層時，所展現的「可體之道」之內涵，故道器始終合一來論說。另方面，筆者認為此時期之朱子頗排斥佛、老之說，故蘇軾談論抽象之「道」且以老子之言喻之，朱子總是無法接受。

順此脈絡，當朱子延伸批評蘇轍之解老時，亦同樣不能接受類似道器分離的談法；例如：

> 蘇曰：「孔子以仁義智禮樂治天下，老子絕而棄之：或者以為不同。《易》曰：『形而上者謂之道，形而下者謂之器。』」……孔子之慮後世也深，故示人以器而晦其道。〔註54〕

上述，蘇轍對孔、老之分，則以兩人所側重之面不同來談；蘇轍認為老子重形上層面之「道」，而孔子側重形下之「器」而不討論那種抽象的「道」。但朱子認為此解不妥，批評云：

> 道器之名雖異，然其實一物也：故曰：「吾道一以貫之。」此聖人之道所以為大中至正之極……。蘇氏誦其言，不得其意，故其為說，無一辭之合……。道器一也，示人以器，則道在其中，聖人安得晦之！孔子曰：「吾無隱乎爾！」然則，晦其道者，又豈聖人之心哉？大抵蘇氏所謂道者，皆離器而言，不知其指何物而名之也。〔註55〕

朱子並不按照蘇轍的理論脈絡來批評，仍堅持以「道器相即」的這種立場來批評蘇轍。事實上，蘇轍只是指出「道」與「器」的差別，並談論純粹的「形而上之道」；而朱子相當重視「道器相即」的關係，因此談論「離器之道」總非朱子所允許。此外，朱子刻意指出「道」在「器」上呈顯的相即關係，故兩人所討論的「道」、「器」明顯層面不同，此乃朱子難接受「離器之道」。朱子可合理攻之者，是蘇轍說孔子「示人以器而晦其道」。筆者認為，蘇轍指出孔子論學幾乎放在人倫日用，此即「器」之層面，而不喜好談論抽象之道，其實這種說法應不違背孔子論述之範圍，但蘇轍進一步認為這是孔子「慮後世也深」才作出的決定，則多有猜測意味，故可質疑之。

然而此時期之朱子始終堅持「道不離器」，因此刻意呈顯「道」與「器」

〔註54〕《朱子文集》〈雜學辨・蘇黃門老子解〉卷七十二，頁3604。
〔註55〕《朱子文集》〈雜學辨・蘇黃門老子解〉卷七十二，頁3604。

之日用關聯，進而反對蘇轍之談論。另方面，朱子又以孔子「吾道一以貫之」來反駁蘇轍，可謂頑固不通矣！孔子所言之「道」絕非蘇轍所欲談論的那種「形上之道」，蘇轍只是說孔子不談抽象之「道」，而朱子卻堅持以「道器不離」的立場，來說孔子談的「道」同時具有「形上」與「形下」之「道器」兼含，更有「一以貫之」之意，可謂強生事也。筆者認爲孔子之談論，並非如朱子所說的強調「道器不離」的那種深層意義，此乃朱子自身對孔子的解讀觀點。而朱子用自身的解讀觀點來批評對手的不是，事實上已經過度強勢，加上蘇轍此部分的談論並無明顯的錯誤，故此方面凸顯朱子預設立場過於鮮明。

　　既然朱子如此堅持，故當蘇轍談論「道不可言者」之時，朱子亦用同樣的方式批評：

　　　　夫道不可言，可言者，皆其似者也。達者因似以識眞，而昧者執似以陷於僞。〔註56〕

上述，乃蘇轍單純論「道」之「不可言」，而可說者僅能「似道」，而朱子反對這種看法；有云：

　　　　聖人之言道，曰君臣也，父子也，夫婦也，昆弟也，朋友之交也。不知此言道邪？抑言其似者而已耶？……。然則，道豈眞不可言？但人自不識道與器之未嘗相離也，而反求之於昏默無形之中，所以爲是言耳。〔註57〕

朱子又以「道器未嘗相離」的觀點來述說形器層面亦「道」，因此批評蘇轍所形述的「道」。亦即，蘇轍所談是那「不可言說之道」，而朱子卻說「日用之道」可言說，而「日用之道」不離「形上之道」，又以「道器不相離」的思維模式來攻擊對手。筆者認爲，朱子之論說在他的理論系統頗爲正確，但對方根本不是從此角度談論「道」的，因此後文批評蘇轍求之於「昏默無形」，雖可批評之，然無法說服對手。

　　綜觀上述對蘇子二人之批評，多偏向老氏，而朱子所批評的〈張無垢中庸解〉、〈呂氏大學解〉則偏向釋氏，而此方面的批評朱子亦有上述之毛病存在；如：

　　　　「君子中庸。」張云：「方率性時，戒愼恐懼，此學者之事也。及其

〔註56〕《朱子文集》〈雜學辨‧蘇黃門老子解〉卷七十二，頁3605。
〔註57〕《朱子文集》〈雜學辨‧蘇黃門老子解〉卷七十二，頁3605～3606。

深入性之本原，直造所謂天命在我，然後爲君臣、父子、兄弟、夫
婦之教，以幸於天下，至於此時，聖人之功用興矣！」〔註58〕

上述，張無垢解釋「率性之謂道」之含意時，頗重視率性之「時」必須戒愼
恐懼以面對種種外境。而若能夠深入體驗「性之本原」，則可以知道「天命之
性」乃在於吾身，而後對人倫日用之事，以至於天下，皆成聖功矣！

張氏之解，筆者認爲他是在說明兩方面之狀態；一是「率性之時」，另一
是「率性『成』之後」。「率性」時，則須戒愼，例如人知道性善而循此性，
戒愼恐懼以面對種種外事。而循此性之後，則能有更深切的體悟，自然可知
「天命之性」在我，此猶如孟子「知性知天」的談論模式；一旦如此行事且
成功推及天下，自然聖功興。筆者認爲張氏之說應無明顯問題，但朱子還是
認爲此種解釋不安，有云：

愚謂：「率性之謂道」，言道之所以得名者如此，蓋曰各循其性之本
然，即所謂道爾；非以此爲學者之事，亦未有戒愼恐懼之意也⋯⋯。
又曰：「深入性之本原，直造所謂天命在我」，理亦有礙。且必至此
地而後爲人倫之教以幸天下，則是聖人至此地之時，未有人倫之教，
而所以至此地者，亦不由人倫而入也。凡此皆爛漫無根之言，乃釋
氏之緒餘，非吾儒之本指也。〔註59〕

上述朱子之批評可謂吹毛求疵；朱子認爲「循性」即可，非是「學」、非是「刻
意去學循性」，因此沒有有所謂的「戒愼恐懼」在其中。但「循性之本然」並
非相當容易之事，若不戒愼恐懼以面對外境之誘惑、逼迫等，如何「循性」？
此外，張九成並未刻意說要去「學」「循性」，只是說「循性」是學者所應注
意之事，故朱子之批評頗爲怪異，認爲張氏不可加此「戒愼恐懼」於「循性」
之時。此外，朱子以「深入性之本原，直造所謂天命在我」是釋氏之說，乃
因朱子認爲張氏這樣說是一定要達到「深入性之本原」而知曉「天命在我」
才去做「人倫之教」，也就是說，達到聖人境地之前，都沒有人倫之教；而達
到聖人境地後，其實也不需要人倫日用來入聖。

但筆者前述張氏之解釋內容，實很難看出有朱子所說的那種意味。張氏
先肯定率性而後說「深入性之本原」後的狀態，來說「聖人之功用興」，因此
並非否定人倫之教。當然筆者並非言說朱子之批評皆一無是處，朱子於〈張

〔註58〕《朱子文集》〈雜學辨・張無垢中庸解〉卷七十二，頁 3610。
〔註59〕《朱子文集》〈雜學辨・張無垢中庸解〉卷七十二，頁 3610～3611。

無垢中庸解〉中，有些批評頗有其力而且中肯，〔註60〕但多數內涵皆讓筆者以爲朱子刻意刁難，並以自身解讀立場批評對手。

上述朱子之批評張無垢，乃以闢佛氏爲主要用意出發，以下在舉朱子最後批評之〈呂氏大學解〉作爲結尾；有云：

「知所先後，則近道矣。」呂氏曰：「異端之學，皆不知所先後，考察勤苦雖切而終不近。故有終始爲二道，本末爲兩端者。」〔註61〕

上述，乃呂本中對「知所先後，則近道矣」之解釋，其內容牽涉「異學」；呂氏認爲「異學」汲汲於自身理論，而不能「知所先後」。此意表示對「異學」的內容並非全然反對，而只是「異學」所論之內涵在於「不知先後」所導致，因此朱子認爲頗有護衛「異學」之嫌，因此批評云：

愚謂：此言似爲釋氏發，然呂氏終身學焉，不知以誰爲異端，而爲是說以詆之耶？蓋其心未必不以爲有先後者，世間之粗學；而無先後者，出世間之妙道。兩者，初不相爲謀，雖並行而不相悖也。方其言此，故不得不是此而非彼；及其爲彼，則又安知其不是彼而非此哉？彼其陽離陰合，自以爲左右采獲而集儒、佛之大成矣……！

近世之言道者，蓋多如此，其誤後學深矣！〔註62〕

朱子上述除批評呂本中不知「異學」爲何之外，更認爲呂氏本身是「異學」，而且心態可議。朱子認爲呂氏知心態可能是說「知所先後」的反而是世間粗學，而「無先後之區分」者，是出世間之妙道，而且認爲這兩方面無所衝突。因此朱子進一步認爲，呂氏是不得已才肯定儒學而排斥「異學」，而當呂氏肯定釋氏之學時，又怎能確定他不是肯定釋學而否定儒學的呢？因此呂本中根本就是明批「異學」但暗地裡與「異學」相合，而且自以爲集儒、佛之大成。筆者觀朱子之批評頗意氣用事，然朱子之所以如此，應是呂本中一些談論中存有著釋氏內容，例如朱子認爲呂氏談論類似「悟」（忽然自見）這一關鍵詞；其云：

〔註60〕 《朱子文集》〈雜學辨・張無垢中庸解〉卷七十二，頁 3614 云：「『君子以人治人，改而止。』張云：『人即性也，以我之性，覺彼之性。』愚謂：詳經文初無此意，皆釋氏之說也……。」上述乃張無垢論說中較有釋氏涵義之內容，認爲要以「我之性」以「覺」他人之「性」；此「覺他」乃釋氏用語，故朱子之批評有其合理處。

〔註61〕 《朱子文集》〈雜學辨・呂氏大學解〉卷七十二，頁 3629。

〔註62〕 《朱子文集》〈雜學辨・呂氏大學解〉卷七十二，頁 3630。

「致知在格物，物格而後知至。」呂氏曰：「致知格物，修身之本也。
知者，良知也，與堯、舜同者也。理既窮則知自至，與堯、舜同者，
忽然自見，默而識之。」〔註63〕

上述，呂本中解「格物致知」乃從修身上說，更以「良知」解「知」而非「見
聞」取向，可謂其思想特色；配合文末之「忽然自見」、「默而是之」乃針對
與堯舜同的這種「良知」發現，故此連貫解釋下來應無問題；但朱子云：

愚謂：致知格物，大學之端，始學之事也。一物格則一知至，其功
有漸，積久貫通，然後胸中判然不疑所行，而意誠心正矣！然則所
致之知，固有淺深，豈遽以爲與堯、舜同者，一旦忽然而見之也哉？
此殆釋氏「一聞千悟，一超直入」之虛談，非聖門明善誠身之實務
也……。〔註64〕

上述朱子認爲「格物致知」乃《大學》論述爲學之端，乃基礎實踐的開始，
有此基礎方能積久貫通而「意誠心正」，因此朱子特別強調爲學次第這種循序
漸進的方法，而呂本中直接點出「與堯、舜同者」，朱子則視爲此乃釋氏之
「悟」，而非聖學本來之學。

　　事實上，呂氏學說雖有涉入佛、老，然解《大學》之內涵並非離譜，所談
之「堯舜同者」乃點出本心良知此點人人皆俱，而且一見即是。然而呂氏此說
若僅涉及德性層面的提點則可，然呂本中卻延伸至「物格」之解釋，有云：

呂氏曰：「草木之微，器用之別，皆物之理也。求其所以爲草木器用
之理，則爲『格物』。草木器用之理，吾心存焉，忽然識之，此爲『物
格』。」〔註65〕

呂氏曰：「見聞未徹，正當以悟爲則，所謂致知格物，正此事也。比
來權去文字，專務體究，尚患雜事紛擾，無專一工夫。若如伊川之
說『物各付物，便能役物』，卻恐失涉顢頇爾。」〔註66〕

上述呂氏之說，連日用之草木器用之「物理」亦以「吾存心焉」、「忽然識之」
來說明「物格」，則未免牽強。而後引文又說見聞未徹底而應以「悟」爲是，
並否定文字之執與事理之探究，認爲這樣無法有專一之工夫，並批評伊川以

〔註63〕《朱子文集》〈雜學辨・呂氏大學解〉卷七十二，頁3630。
〔註64〕《朱子文集》〈雜學辨・呂氏大學解〉卷七十二，頁3630。
〔註65〕《朱子文集》〈雜學辨・呂氏大學解〉卷七十二，頁3630。
〔註66〕《朱子文集》〈雜學辨・呂氏大學解〉卷七十二，頁3631。

「物」體「物」的這種窮理方式，且批評此種方式太過糊塗。此方式頗偏向釋氏論說世俗的態度，無怪乎朱子批評云：

> 伊川先生嘗言：「凡一物上有一理，物之微者亦有理。」又曰：「大而天地之所以高厚，小而一物之所以然，學者皆當理會。」呂氏蓋推此以爲説而失之者。程子之爲是言也，特以明夫理之所在，無間於大小精粗而已。若夫學者之所以用功，則必有先後緩急之序，區別體驗之方，然後積習貫通，馴致其極，豈以爲直存心於一草木器用之間，而與堯、舜同者，無故忽然自識者哉？此又釋氏「聞聲悟道，見色明心」之説，殊非孔氏遺經、程氏發明之本意也……。以悟爲則，乃釋氏之法，而吾儒所無有……。若由吾儒之説，則讀書而原其得失，應事而察其是非，乃所以爲致知格物之事，蓋無適而非此理者。今乃去文字而專體究，猶患雜事紛擾，不能專一，則是理與事爲二，必事盡屏而後理可窮也。終始二道，本末兩端，孰甚於此？〔註67〕

上述朱子之批評則切重要害，呂本中將「悟」、「忽然視之」延伸解釋在「物格」範疇上，並反對伊川所說的窮理、盡可能的領會眾理的這種爲學態度，可謂偏向釋氏。此外，朱子認爲同於堯、舜者，必存心以求眾理而後貫通之方可達到，如何「忽然自識」即得？另方面，朱子批評呂氏此種以「悟」爲原則，而廢除文字探究而僅依靠體驗、不從諸事中求理反而認爲這會導致「紛擾」，根本就是釋氏之法，乃斷絕「理與事」的緊密關係，並非儒家的實踐之路。

綜觀上述朱子對四人之批評，筆者認爲朱子此時期對佛、老的批評態度頗爲強烈，在朱子欲跳脫出早年出入佛、老的框架時，他選擇了一個蠻激烈的反動模式。上文諸述乃從《雜學辨》來檢閱，則可明確知曉朱子對佛、老之批評雖有合理處，然亦有未能平穩立論的內容；至於朱子論述愈趨成熟穩定，則於中和新舊說時期逐漸展現，下小節即述。

2、「中和新舊說」的朱子學及其意義

上小節既已說明朱子欲跳脫早年出入佛、老之框架，三十五歲時所作之《雜學辨》之外，至三十七歲時朱子更編著多書，欲回歸儒家傳統；另方面，朱子最重要的論學之友張栻與何叔京、蔡季通三人皆在此時期與朱子論學。

〔註67〕《朱子文集》〈雜學辨・呂氏大學解〉卷七十二，頁3630～3632。

　　朱子與何叔京、蔡季通論學，始於乾道二年丙戌（1166 年）朱子三十七歲時，此年又更與張栻論述「已發未發」之議題而建立「中和舊說」；〔註68〕其與何叔京談論「未發」時，有云：

> 李先生教人，大抵令於靜中體認大本未發時氣象分明，即處事應物自然中節，此乃龜山門下相傳指訣。然當時親炙之時，貪聽講論，又方竊好章句訓詁之習，不得盡心於此，至今若存若亡，無一的實見處……。〔註69〕

上述，朱子回想自身對於李侗所談之「靜」中體認「未發時氣象」頗不能得，且當時執著於博學多聞而好章句訓詁，故未能有得於此「體驗未發」之功。促使朱子進一步體驗「未發」之相關狀態，則是朱子與張栻談論有關「中和」多書中逐漸思辨得來。而此又分兩個階段；一是朱子接受「未發」的寂然狀態，但此狀態無工夫可言，因朱子實不知如何「存養此未發」，故僅針對「已發處」下工夫，此乃「中和舊說」之大要。另一是「中和新說」時期，朱子終於體驗「未發」狀態而可以純粹意志上來「涵養」此「心」的「未發狀態」，故一改過去「未發狀態」無「工夫」的狀況。

　　此時期朱子建立「中和舊說」在先，後又悟「中和新說」，此轉折並非矛盾衝突的改變，而是讓朱子的工夫論述與心性論更趨完備。此部分的轉折，頗有立本而重視「心」的層面論述，而回顧陽明《定論》所取之朱子論學內涵，亦從此時期開始；筆者先論述朱子此時之談論如下。

　　上文曾述，朱子與何叔京談論龜山門下相傳指訣時，對「未發處」未達，而朱子自身回憶此議題時，曾云：

> 於蚤從延平李先生學，受《中庸》之書，求喜怒哀樂未發之旨，未達……。聞張欽夫得衡山胡氏學，則往從而問焉。**欽夫告余以所聞，余亦未之省也**……。一日喟然嘆曰：人自嬰兒以至老死，雖語默動靜之不同，然其大體，莫非已發，特其未發者為未嘗發爾。自此不復有疑，以為《中庸》之旨，果不外乎此矣……。〔註70〕

上述，朱子再次說明未達於「未發之旨」，而與張栻論述「已發未發」之後仍未

〔註68〕《朱熹年譜長編》，頁 353～354 記載朱子三十七歲始與何叔京、蔡季通論學；而頁 355 記載與張栻談論「已發未發」之說，而建立「中和舊說」。
〔註69〕《朱子文集》〈答何叔京二〉卷四十，頁 1699。
〔註70〕《朱子文集》〈中和舊說序〉卷七十五，頁 3786。

能體驗「未發」要旨，在此「未得」的狀態下，僅能試著接受有所謂的「未發」即是「不發」這種狀態，進而認爲《中庸》論「已發未發」之要旨乃不外乎此。

但朱子與張栻持續討論此議題多書後終於出現新的體悟，表達出自身對「未發」狀態的初步看法，其云：

> 然聖賢之言，則有所謂「未發之中，寂然不動」者，夫豈以日用流行者爲已發，而指夫暫而休息，不與事接之際爲未發時耶？嘗試以此求之，則泯然無覺之中，邪暗鬱塞，似非虛明應物之體，而機微之際一有覺焉，則又便爲已發，而非寂然之謂。蓋愈求愈不可見，於是退而驗之於日用之間，則凡感之而通，觸之而覺，蓋有渾然全體、應物而不窮者，是乃天命流行，生生不已之機，雖一日之間萬起萬滅，而其寂然之本體未嘗不寂然也；所謂未發，如是而已……。
>
> （先生自注云：此書非是，但存之以見議論本末耳；下篇同此。）
> 〔註71〕

上述朱子認爲聖賢有所謂「未發之中」、「寂然不動」的這種狀態談論，在體驗之餘，朱子認爲並不是「不與事接」就是「未發」，此與之前僅以「不發」來形述「未發」已有初步調整。但是在朱子自身的操作過程中，克制自身於「心念未發」反顯「鬱塞」，而一旦「發」則又非「寂然」；而且此種狀態非能長久，且越想「不發」反而越不可見「未發」。因此朱子最後僅以類似「存而不論」的方式，在理論上肯定有此種「未發之中」、「寂然不動」的「體」，即便人日常接物心念萬起萬滅，但始終存有此「寂然本體」。此時期，相較於之前與何叔京時所言之「無一的實見處」頗有突破。然而對「未發」或「寂然不動」雖肯定，卻無法下手，亦是個「儱侗影像」；有云：

> 自今觀之，只是一念間已具此體用，發者方往，而未發者方來，了無間斷隔截處，夫豈別有物可指而名之哉？……。又如所謂「學者於喜怒哀樂未發之際，以心驗之，則中之體自見」，亦未爲盡善。大抵此事渾然，無分段時節先後之可言，今著一「時」字、一「際」字，便是病痛；當時只云「寂然不動之體」，又不知如何？〔註72〕
>
> 大抵日前所見，累書所陳者，<u>只是個儱侗地見箇大本達道底影像</u>，便執認以爲是了；卻於「致中和」一句，全不曾入思議，所以累

〔註71〕《朱子文集》〈答張欽夫三〉卷三十，頁1157～1158。
〔註72〕《朱子文集》〈答張欽夫四〉卷三十，頁1158～1159。

蒙教告以求仁之爲急，而自覺殊無立腳下功夫處……。而今而後，
乃知浩浩大化之中，一家自有一箇安宅，正是自家安身立命、主
宰知覺處，所以立大本、行達道之樞要；所謂「體用一源，顯微
無間」者，乃在於此。而前此方往方來之說，正是手忙足亂，無
著身處……。〔註73〕

上述第一引文，朱子認爲心之「已發未發」接連而無間斷處，故難尋得「未發
之際」而見此「中體」，因此懷疑此種「以心驗之」的體認未發應無法達成，故
反而主張立一「寂然不動之體」即可，而不強加體驗此「未發之心」之狀態。
而第二引文中，朱子則有些許不同處；朱子認爲之前所論雖仍無法於未發處得
驗，但已肯定一個「寂然不動之體」，依此「自家安宅」之「體」續接發用而不
執著於方往方來之「發」，已脫離對「未發」所說的「儱侗影像」涵義。

　　總觀朱子此「中和舊說」內容，從未能體驗「未發」到肯定「未發」，
並以「中」或「寂然不動之體」來形述此「未發」，故對於「未發」處已有
些許體認，且形上意味成分濃厚；另方面，此「未發」或云「寂然不動之體」
又有作爲「自家安宅」、「安身立命」……等諸多應物之樞要，因此此時期之
朱子即便對「未發」之體認有連結至事物層面，但仍屬形上意味或「體」的
涵義多些，而頂多以此「體」連結事物層面時，補以「體用一源」來形述。
而直到乾道己丑年間（1169 年）朱子四十歲時悟得「中和新說」而得涵養
未發處工夫，則對「未發」的體驗與「舊說之未發」有所不同，下小節即述。

（三）「中和新說」與「心統性情」

1、「中和新說」與「敬」之貫徹

　　朱子悟得「中和新說」之關鍵人物除張栻之外，蔡季通與朱子之談論亦
頗重要；朱子自身談論此議題回憶時云：

乾道己丑之春，爲友人蔡季通言之，問辨之際，予忽自疑斯理也……。
而程子之言，出其門人高弟之手，亦不應一切謬誤，以至於此……。
則復取程氏書，虛心平氣而徐讀之，未及數行，凍解冰釋，然後知情
性之本然，聖賢之微旨，其平正明白乃如此。而前日讀之不詳，妄生
穿穴，凡所辛苦而僅得之者，適足以自誤而已。〔註74〕

〔註73〕《朱子文集》〈答張敬夫三〉卷三十二，頁 1241～1242。
〔註74〕《朱子文集》〈中和舊說序〉卷七十五，頁 3786。

上述朱子陳述了一個重要歷程，此乃朱子曾誤解程子之言，而以爲「心」只有「已發」狀態可言，事實上程子論心有兼涵體用二面故有「心之未發」，而上述朱子說「前日讀之不詳」乃指此點；故朱子曾云：

> 《中庸》未發已發之義，前此認得此心流行之體，又因程子：「凡言心者，皆指已發而言」，遂目心爲已發，性爲未發。然觀程子之書，多所不合，因復思之，乃知前日之說，非惟心性之名，命之不當……。〔註75〕

上述，朱子陳述以往誤解程子所論，將心皆視爲「已發」，故立「寂然不動」之性體來作爲「未發」之陳述，偏向形上意味濃厚的「性體」來表示「未發」，但後來查閱程子之書多所不合，此乃因程子與呂大臨談論有關「已發未發」議題時，伊川一改過去「心皆爲已發」的說法；其云：

> 先生謂：「……凡言心者，皆指已發而言。」然則未發之前，謂之無心可乎？竊謂未發之前，心體昭昭具在已……。先生曰：<u>「凡言心者，指已發而言」，此固未當</u>。心，一也，有指體而言者，寂然不動是也；有指用而言者，感而遂通天下之故是也……。〔註76〕

上述，伊川自身亦曾修正對「心」之「已發未發」的相關談法，後來之定論，即認爲「心」有「體用」，故「心」之狀態有寂有感，而此「未發時」仍是「心」，只是以「體」來言此種「心之未發狀態」。此論述肯定「心之未發」，故程子後來與蘇季明談論「未發之中」時，而提出「涵養」於「喜怒哀樂未發之時」此一工夫。〔註77〕

此時朱子既先得蔡季通之提醒，後又復拾程子之書有得，故對「未發」處體驗更深一層，依伊川之意而進一步說：

> 故程子之答蘇季明，反復論辨，極於詳密，而卒之不過以「敬」爲

〔註75〕《朱子文集》〈與湖南諸公論中和第一書〉卷六十四，頁 3229。

〔註76〕《二程全書》〈伊川文五・與呂大臨論中書〉，頁 12。

〔註77〕《二程全書》〈遺書十八・伊川先生語四〉，頁 14 有云：「若言存養於喜怒哀樂未發之時，則可；若言求中於喜怒哀樂未發之前，則不可……。只是平日涵養便是，涵養久，則喜怒哀樂發自然中節。」於此可知，伊川認定有「未發之時」的存養之功，但並不是「強求」「未發之中」於「心之未發前」，因爲平時所作出的是一些克制或是壓抑心念的動作，反而不是「未發」，更別說求「中」。因此以「平日涵養便是」的這種工夫，來說明自自然然的將「喜怒哀樂未發」的狀態保持、涵養即可；若針對「涵養」的狀態來說，則程子又有所謂「涵養需用敬」等相關說法。

言。又曰：「敬而無失，即所以中。」又曰：「入道莫如敬，未有致
知而不在敬者。」又曰：「涵養須是敬，進學在致知。」蓋爲此也。
向來講論思索，直以心爲已發，而日用工夫，亦止以察識端倪爲最
初下手處，以故闕卻平日涵養一段工夫……。〔註78〕

上述，朱子已能得伊川論述「已發未發」之精要，並點出「敬」之重要性。
而此「敬」於動靜皆適，且可運用於致知上，故「涵養須是敬」、「進學在致
知」兩者，皆包含「敬」的層面於其中。此「敬」正補足朱子平日涵養未發
處之工夫，而不僅止於已發察識階段，也對「未發」之體認並非如「舊說」
時期那樣偏向形上之「體」或僅能體驗之，此時朱子認爲可對未發處下工夫。
此新悟，朱子更書於南軒，有云：

然人之一身，知覺運用莫非心之所爲，則心者固所以主於身，而無
動靜語默之間者也。然方其靜也，事物未至，思慮未萌，而一性渾
然，道義全具，其所謂「中」，是乃心之所以爲體，而寂然不動者也。
及其動也，事物交至，思慮萌焉，則七情迭用，各有攸主，其所謂
「和」，是乃心之所以爲用，感而遂通者也……。蓋心主乎一身，而
無動靜語默之間，是以君子之於敬，亦無動靜語默而不用其力焉。
未發之前是敬也，固已主乎存養之時：已發之際是敬也，又常行於
省察之間。方其存也，思慮未萌而知覺不昧，是則靜中之動，〈復〉
之所以「見天地之心也」；及其察也，事務紛糾而品節不差，是則動
中之靜，〈艮〉之所以「不獲其身、不見其人」也……。蓋主乎身而
無動靜語默之間者，心也，仁則心之道，而敬則心之貞也。此徹上
徹下之道，聖學之本統。〔註79〕

朱子上述則以「心主乎一身」爲要旨，述說「敬」於動靜之間的操作方式。
其中以「未發」之「一性渾然」、「道義全具」敘述此「中」，而以「七情迭
用而能主」敘述「和」。論述此二面之工夫時，於「中」時乃「未發存養」，
而以「已發省察」求「和」，皆以「敬」貫通之。而此「敬」，不論於已發未
發，乃持續不息之狀態，故於「未發之際」便主乎存養，而「已發時」亦因
此「敬」而常行於省察之間。這兩方面皆以「心」（敬）爲主宰的工夫操作，
故「已發未發」對朱子而言，其意義已從此「敬」之貫通得到自身解讀系統，

<hr>

〔註78〕《朱子文集》〈與湖南諸公論中和第一書〉卷六十四，頁3229～3230。
〔註79〕《朱子文集》〈答張欽夫十八〉卷三十二，頁1273～1274。

〔註 80〕並逐漸有將「心」的主宰意義提高,而「未發」也因以「敬」的持續貫通,而可得平日涵養一段功夫,非「舊說」時期那樣對「未發」的體驗偏向形上成分或以「體」來形述而已。

就實踐層面來說,朱子悟得「中和新說」之後,其大要乃是以「敬」貫通動靜,而能將工夫之操作運用於兩方面,此即「靜時涵養」、「動時省察」之意。既有此兩方面的大原則,若談及格物等方面自然與此「敬」脫不了關係,例如:

> 敬則心存,心存,則理具於此而得失可驗,故曰:「未有致知而不在敬者。」〔註81〕(楊道夫,己酉以後所聞,朱子六十歲以後)

> 問:「格物,敬爲主,如何?」曰:「敬者,徹上徹下工夫。」〔註82〕(曾祖道,丁巳年聞,朱子六十八歲)

上述,乃朱子晚年時期對於他作重視的爲學次第,也就是對《大學》實踐路線提出的談論內容,其中特別強調實踐中總不離「敬」,而這是在「動」之方面;若是「靜」的層面時「敬」亦是關鍵,例如:

> 今於日用間空閒時,收得此心在這裏截然,這便是「喜怒哀樂未發之中」,便是渾然天理……。(葉賀孫,辛亥以後所聞,朱子六十二歲以後)〔註83〕

> 學者須敬守此心,不可急迫,當栽培深厚。栽,只如種得一物在此。但涵養持守之功繼繼不已,是謂栽培深厚。如此而優游涵泳於其間,則浹洽而有以自得矣。苟急迫求之,則此心已自躁迫紛亂,只是私己而已,終不能優游涵泳以達於道。(程端蒙,己亥以後所聞,朱子五十歲以後)〔註84〕

上述,朱子談論日用間收拾此心而有得,乃因有「敬」的持續貫通,而此即之前論述悟得「未發」時的「平日涵養一段工夫」;而此種涵養,乃因「敬」之持續貫通而涵養「此心」即於「心之未發狀態」,而朱子賦予此種意義爲「渾然天理」之狀態。而第二引文中的「敬守此心」,乃針對一種涵養持守此「心」

〔註80〕朱子此書,除表達因得於南軒之提點而得「未發」之說,文中更談論「涵養」與「察識」的先後問題,然此部分爭論非本文所欲處理者,故不贅述。

〔註81〕《朱子語類》〈大學五〉卷十八,頁402。

〔註82〕《朱子語類》〈大學五〉卷十八,頁403。

〔註83〕《朱子語類》〈學六‧持守〉卷十二,頁202。

〔註84〕《朱子語類》〈學六‧持守〉卷十二,頁205。

而持續不斷的進功之說，此細節上必包含「靜態」之強調，故勸戒門人不可急迫求之。總結來說，朱子對心之「未發狀態」應以「靜中求」，而涵養此「未發狀態」時則「敬中守」；其云：

> 眾人有未發時，只是他不曾主靜看，不曾知得。〔註85〕

> 「喜怒哀樂未發謂之中」，程子云：「敬不可謂之中，敬而無失，即所以中也，未說到義理涵養處。」大抵未發已發，只是一項工夫，未發固要存養，已發亦要審察……。〔註86〕

> 未發時著理義不得，纔知有理有義，便是已發。當此時有理義之原，未有理義條件。只一箇主宰嚴肅，便有涵養工夫。伊川曰：「敬而無失便是，然不可謂之中。但敬而無失，則所以中也。」〔註87〕

上述第一引文，則是朱子表達「未發」是可能的，只要主靜自可體驗之。若有體驗後，則以「敬」來涵養，而此時的「未發」是義理之原，若以「主宰嚴肅」即「敬」來面對之時，即有所謂「涵養工夫」。另外，朱子以伊川之語補充說，若以「敬」涵養得此狀態之持續，即得涵養未發之「中」，而不是「敬而無失」就是「中」。

　　總括來說，「敬」對朱子而言是作工夫時的細節上關鍵，而且是「持續貫通」的；若是在大方向上，「敬」亦是重要前提；其云：

> 「敬」字工夫，乃聖門第一義，徹頭徹尾，不可頃刻間斷。〔註88〕

> 「敬」之一字，真聖門之綱領，存養之要法。一主乎此，更無內外精粗之間。〔註89〕

> 先立乎其大者：持敬。（楊方，庚寅所聞，朱子四十一歲時）〔註90〕

上述可知「敬」為朱子論述實踐時不可或缺的前提；除之前所謂的「徹上徹下」工夫，此時又云「徹頭徹尾」而不可間斷、乃聖學綱領、存養之要等，皆是作工夫時的大前提；因此朱子論工夫方面，所立之大者，此「持敬」則是。

　　上述總總，筆者之所以舉朱子談論有關「敬」之內容，除為了突顯朱子

〔註85〕《朱子語類》〈中庸一・第一章〉卷六十二，頁1508。
〔註86〕《朱子語類》〈中庸一・第一章〉卷六十二，頁1511。
〔註87〕《朱子語類》〈中庸一・第一章〉卷六十二，頁1515。
〔註88〕《朱子語類》〈學六・持守〉卷十二，頁210。
〔註89〕《朱子語類》〈學六・持守〉卷十二，頁210。
〔註90〕《朱子語類》〈學六・持守〉卷十二，頁210。

自中年時期（四十歲之後）所悟得的「中和新說」，其中最重要的是此「敬」的工夫方式至朱子晚年亦未曾改變，而且所用之範圍更顯廣泛。而此種自中年即重視，至晚年未曾忽略的重要工夫細節論述，於筆者眼中可視爲最重要的朱子成熟思想之代表，即使此「悟」自中年即得，仍可代表其晚年思想的重大思路。

2、「心統性情」的工夫定位

上述，筆者既論述「中和新說」與「敬」於朱子學說中的重要定位之後，朱子另一方面針對心、性與工夫兼含的論述，則是「心統性情」的說法。

朱子與張栻論說「中和」時，雖有得於張栻之提點，而同意「未發」之涵養工夫，但其中亦有爭論處，此即「涵養」、「察識」何者爲先的問題。〔註91〕然而此議題若過渡到朱子後來對《知言》的批評，〔註92〕其中除了包括朱子對「先涵養後察識」的堅持之外，更述說其「心統性情」的立場。以下筆者先舉朱子與張栻談論之書，以過渡至朱子的「心統性情」：

> 熹謂感於物者，心也；其動者，情也。情根乎性而宰乎心，心爲之宰，則其動也無不中節矣，何人欲之有？惟心不宰而情自動，是以流於人欲，而每不得其正也。然則天理、人欲之判，中節、不中節之分，特在乎心之宰與不宰，而非情能病之，亦已明矣。蓋雖曰「中節」，然是亦「情」也；但其所以「中節」者，乃心爾。〔註93〕

上述，朱子所談論的「心」則突顯其中的「主宰義」；亦即面對「心」的「已

〔註91〕《朱子文集》〈答張欽夫十八〉卷三十二，頁 1274 有云：「又如所謂：『學者先須察識端倪之發，然後可知存養之功』，則熹於此不能無疑。蓋發處固當察識，但人自有未發時，此處便合存養，豈可必帶發而後察，察而後存耶？」此處，可見朱子對於「未發處」的涵養堅持，是針對人總有「未發時」的狀態來說，而從邏輯上來說「未發」總在「已發之先」，故朱子認爲不可僅對「已發處」的「察識」先著手，而須先「未發時涵養」；若涵養不得，方有「已發察識」之功。

〔註92〕朱子對胡子《知言》的批評甚多，甚至作有〈胡子知言疑義〉。而《朱子語類》〈程子門人〉卷一百一，頁 2582 曾云：「《知言》疑義，大端有八：性無善惡，心爲已發；仁以用言，心以用盡；不事涵養，先務知識，氣象迫狹，語論過高。」據《朱熹年譜長編》，頁 456 記載，〈知言疑義〉成於乾道七年（1171 年）朱子四十二歲時；此乃朱子與呂伯恭、張南軒談論之後所編定之〈胡子知言疑義〉，針對多項問題作出談論，其中含有朱子提出「心統性情」之述說。

〔註93〕《朱子文集》〈問張敬夫六〉卷三十二，頁 1245。

發未發」狀態，皆是以「心」的主宰能力來貫通之。若論及人倫日用之工夫，屬「已發」之「情」的克制較爲多見，故朱子將天理人欲的判準歸回到「心之宰或不宰」，乃屬意志操作的模式，而此論說內容即朱子頗推崇張載曾說的「心統性情」。〔註94〕

　　上述乃朱子論述「心統性情」的一個思維線索，另方面，朱子四十二歲對胡子《知言》作出評論時，曾以「心統性情」來作爲論「心」之主要內涵，其云：

　　　　「（心）以成性者也」，此句可疑，欲作「而統性情也」如何？〔註95〕

　　　　故孟子既言「盡心知性」，又言「存心養性」，蓋欲此體常存，而即事
　　　　即物，各用其極，無有不盡云爾。《大學》之序言之，則「盡心知性」
　　　　者，致知格物之事；「存心養性」者，誠意正心之事……。〔註96〕

　　　　論心必兼性情，然後語意完備……。則熹欲別下語云：「性固天下之
　　　　大本，而情亦天下之達道也，二者不能相無。而心也者，知天地，
　　　　宰萬物，而主性情也。」〔註97〕

上述，朱子認爲論心「必兼性情」，〔註98〕若與朱子論述「已發未發」一脈觀看，則可知朱子的「心」有「性」義而可「存養」、「心」有「情」義而須察識撥轉而中節，以符合「天下之達道」。故朱子回顧孟子之意涵，認爲「存心養性」與「盡心知性」皆不可偏廢，而認爲論「心」必兼論此二者，因此認爲胡宏之「心以成性」之語應改爲「心統性情」爲是。

　　但筆者於此不處理朱子對《知言》的批評內容是否合理，而僅道出朱子運用此「心統性情」的思維脈絡，並突顯朱子對「心統性情」之重視；此「心

〔註94〕朱子對張載之「心統性情」頗爲推崇，且發揮於朱子自身的工夫論述。《張載集》〈後錄下〉（臺北：頂淵文化，2004年3月初版一刷），頁339有云：「性、情、心爲孟子、橫渠說得好……。橫渠曰：『心統性情者也』，性只是合如此底……。」
〔註95〕《朱子文集》〈胡子知言疑義〉卷七十三，頁3696。
〔註96〕《朱子文集》〈胡子知言疑義〉卷七十三，頁3696。
〔註97〕《朱子文集》〈胡子知言疑義〉卷七十三，頁3697。
〔註98〕朱子對「心統性情」之「統」除有「主宰義」如「統兵之統」意義之外，亦有「兼」之意涵。《朱子語類》〈張子之書一〉卷九十八，頁2513云：「『心統性情。』統，猶兼也。」又《朱子語類》〈性理二‧性情心等名義〉卷五，頁96云：「情又是意底骨子。志與意都屬情，『情』字較大，『性、情』字皆從『心』，所以說『心統性情』。心兼體用而言。性是心之理，情是心之用。」

統性情」乃朱子中、晚年論心性工夫的主要脈絡。筆者從「已發未發」之論過渡到此議題，乃欲歸納朱子論「心」的大要及其工夫的型態；以下再補充朱子中晚年時期論述「心性」時的要義：

> 性者，理也。性是體，情是用，性情皆出於心，故心能統之。統，如統兵之統，言有以主之也。且如仁義禮智是性也，孟子曰：「仁義禮智根於心。」惻隱、羞惡、辭遜、是非，本是情也，孟子曰：「惻隱之心，羞惡之心，辭遜之心，是非之心。」以此言之，則見得心可以統性情。一心之中自有動靜，靜者性也，動者情也。（黃卓紀錄，無年代）〔註99〕

> 先生取《近思錄》指橫渠「心統性情」之語以示學者。力行問曰：「心之未發，則屬乎性，既發，則情也。」曰：「是此意。」因再指伊川之言曰：「心，一也。有指體而言，有指用而言者。」（程端蒙紀錄，己亥以後所聞，朱子五十歲以後）〔註100〕

上述，朱子已將「已發」以「情」論之，而以「性」是「心」以「體」言之的範疇，並將此意義回歸至孟子，將「四端之心」認爲是「心」統「情」而展露出的「已發」，而其中「心之統」定位爲「如統兵之統」的意志主宰意義。另方面，朱子又承認「心」的「已發未發」所代表的「性」與「情」都屬「心」的狀態。此外，朱子又云：

> 且如仁義禮智信是性，然又說有「仁心、義心」，這是性亦與心通；說惻隱、羞惡、辭遜、是非是情，然又說道「惻隱、羞惡之心、是非之心」，這是情亦與心通說。這是情性皆主於心，故恁地通說……。
>
> （葉賀孫紀錄，辛亥以後所聞，朱子六十二歲之後）〔註101〕

經由朱子言「心統性情」之後，此處言「性與心通」、「情與心通」之意則可易知。因「性情」二者皆是可從「心上說」，故說「通」；而「通」的狀況，若是偏向「情」的方面，即是此「心」作主宰，統情歸性而以「心」說出，展現出「情與心通」（例如四端之心）；若是偏向「性」的方面，亦是此「心」作主宰而涵養未發，或如孟子所言的「養性」，亦以「心」道出，展現出「性與心通」；端看論述時，是偏向「性」或是「情」的成分何者爲多。

〔註99〕《朱子語類》〈張子之書〉卷九十八，頁2513。
〔註100〕《朱子語類》〈張子之書〉卷九十八，頁2515。
〔註101〕《朱子語類》〈張子之書一〉卷九十八，頁2514。

故朱子至「心統性情」之後，其「心」的內涵並非只有所謂「認知心」而已，雖然「心」的主宰義相當強，即便是「心之未發」的狀態，朱子亦用此種主宰意義的「心」來「統之」。若再進一步思考，之前曾經談論到「心之未發」狀態就朱子而言是「一性渾然」、「道義全俱」，「涵養」是一種維持工夫，故單純論述「涵養未發」時，本身並非有待「統」，而是「敬之維持」而「存養之」的意義成分居多。因此朱子論「心統性情」時，稍微忽略「心統性」之「統」運用於「未發時」並非如「統情」那樣的強度，而「涵養」意義較為多。

（四）朱子論「心」之大總括

筆者於此小節，欲從理論上分析「心」的各種狀態以及其中的含意，並配合朱子論述「心」來加以反省，得出在朱子論心的大總括，然而其中的分類是筆者自行的分法，並非朱子自身的分類。此分類之用意在於筆者欲釐清「心」之歧義中，在各個定位中的所表彰的意義；此外，筆者之「分類」並非割裂「心」的意義，眾多分類中可以有相互含涉的關聯，卻又可以獨立的談；試述如下。

1、心的「已發未發」狀態及其可能涵義

「心」就朱子論述的內涵來說，其中一個重要分界是「已發未發」的狀態。若以此「發」的狀態來劃分，則可先分類為「心之已發」、「心之未發」。而「心之未發」的含意已於之前詳述，乃所謂「喜怒哀樂之未發」的「中」之狀態，此時之「未發」依朱子之語乃「一性渾然」、「道義全具」，可作為狀「性」之詞。

從理論上來分析，「心之未發」可以是「性」的內涵卻是從「心上說」的一種相連關係，也就是「心即性」的這種狀態，而且是「未發狀態」的「即性」，而此狀態若用價值層面來形述，則屬於「善」的一面，故朱子欲「涵養之」。然而此「未發狀態」實難言之，總括來說即如上述之大要；但回顧朱子欲作的「工夫」來說，則屬「已發狀態」的「心」較為多。而這也較符合實踐上的事實，因為我們總是從「心之已發」來實踐，至於「未發之涵養」則屬個人靜中體驗，故難言之。

若就「心之已發」來說，則有所謂「情」的談論，亦即「情」乃屬「已發之心」的層次。而此「情」若以「私情」來說，則須「克制」之，故亦是

用「已發之心」（含有豐富的「心」之主宰義）來克制「已發之心（情）」，此若以朱子的談論來說，則可說「動時省察」。

總括來說「已發未發」所能包含的「心」之工夫層面，朱子則是在「動時省察」、「靜時涵養」的雙面內容中，以「敬」來「持」。而「持」可從「意志」上說，與「省察」均是「已發」的層面，而唯有「敬」這一詞頗為特殊。

「敬」若以「心態」（心之狀態）來講，「持敬」就是「以意志維持一個『敬』的心態」來說，而「敬」本身的重點不在於「已發或未發」，而是一種「心發之後的狀態」，而發之後也「不一定」要時時用「意志」來操作方可維持。當然「好的心態」一定得先「發」（例如「敬」），因此這種「已發的心態」（如「敬」）如何能夠涵養「未發之心」？此可分兩方面解讀之。

一是「敬」可用於「意志上」對於「心念未發」來作一個持續淨化或是平順的關照，此即，當此心「未發」時，則「保持」此種未發狀態，讓「心」不起情感漣漪而維持在此種「未發狀態」；而欲維持此「未發」並非強迫「已發之心」而歸「未發」，朱子認為以「敬」來涵養這種「未發」狀態即可。然此部分頗為抽象；對於「未發涵養」這種狀態，依筆者之言可說是「讓心念自身的狀態維持平順的不發」。〔註102〕但如此說或許仍有疑慮，就是「未發」要以「敬」「涵養」之，那「敬」明顯是已發；故對「未發狀態」應是一種「維持」的狀態，但朱子認為導入「敬」可助於此種狀態的維持。

另一是回溯《中庸》「喜怒哀樂未發」這一詞句來看「未發」之內涵為何，此即「心」之歧義問題；《中庸》所談之「喜怒哀樂未發」，雖然是從「心上說」但事實上是講「情」，也就是說「四種情」「未發」的時候即是「中」的狀態；當然不僅這四種，可以再細分，然而《中庸》以此四種來總括「情」。

故，讓「情」不升起，從理論上或實踐上來操作之，是可以從「心」的「意志」層面上來達成「情未發」，也可以配合某種心態上來「維持」這種「心

〔註102〕對於「未發涵養」的問題，勞思光先生於《新編中國哲學史（三上）》，頁 325～326 有云：「案所謂『未發』處之工夫問題，就純理論立場說，此問題當以分別『意志自身之狀態』與『意志具體活動』為基礎說之……。」筆者認為此說甚是，然筆者與勞先生較不同的觀點在於，筆者對「未發」與「已發」之狀態並不以「意志自身」與「意志具體活動」來說之，而以「心」來說之。因為「未發」不一定是「意志的狀態」，而是「心」的狀態；此即筆者認為「意志」應是「心發後」才可說是「意志」，因此「未發」時的狀態並非是「意志的狀態」；也就是說，筆者認為「意志」應屬「已發」，此涉及筆者對「意志」的定義與勞先生不同，因此「未發時」不一定是「意志的未發」，而僅能說是「心的未發」。

（情）之未發」；此即「持敬」的「涵養未發」。如此一來可分二方面；一是「心」因「敬」的持續貫通，透過此操作而可持守「情之未發」，另一是讓「已發之心（情）」回溯到「中」的這種「好」的狀態；而後者之操作工夫，事實上是就「動時省察」之細部且完整的說明。

　　總結來說，「已發」之工夫頗易述說，而「涵養未發處」不論是從「情」上來解讀，或是從「心」上來說，勢必偏向意識本身不起漣漪的這種維持，而維持時不需刻意添加，朱子卻以「敬」來說，應是欲點出一種態度之持續來保有「未發時」的安然狀態，故似乎忽略是否以「已發」（敬）來涵養「未發」的問題。

2、「心統性情」與「已發未發」的關係

　　筆者之前論述「心統性情」時曾提及，朱子似乎忽略「心統性」與「心統性情」兩者細微的差異；此即，對於單純「涵養未發」，並無「統情」的狀態，而只有「統性」，而且「統」的主宰意非如「統情」時強烈；而此方面筆者分析如下。

　　朱子論述「心」說必「兼性情」，此應就「已發層面講」，因為「心之所以可以統情」，必是「統性」之後方可「統情」，也就是說，要克制私慾，內心必定先存天理等正面意義之後方能達到。故「統情」之時，早已有「統性」之過程於先，因此在工夫操作上來說，「心統情」即是「心統性情」，故必「兼性情」。

　　但若單純談論「涵養未發」，「未發時」連「情」都未生出，「如何統情」、「何須統情」？朱子曾說「未發」是「思慮未萌」，此時「一性渾然」且「道義全具」，故「心統性」時之「統」於此時的意義最多僅有「主敬意義之持續」，而無「統兵之統」的主宰以克制的含意。

　　歸回「心統性情」的論述脈絡來看，事實上朱子是先從「已發未發」的論述中，發覺「涵養未發」與「察識已發」的重要，而得出「心」主宰意義的重要性。將此主宰意義的「心」運用至「統性情」時，事實上多在已發上操作，也就是已發察識階段的「心統性情」。

3、作工夫時的「心」

　　朱子論「心」，除了有承繼孟子「本心」的談論自不待言，而論工夫時所涉及的「心」亦為朱子論心性的重點。上述，筆者已針對朱子論「心」的已發未發所作出的「涵養」、「省察」兼顧動靜方面，並以「敬」概括此工夫操

作，內含著「敬」之「心態」的這層意義。再進一步論述時，「持敬」則包含「持」這一「意志」（有時朱子以「敬」一字即代表「持敬」，端看上下文意即可知）。因此，作工夫時的「心」至少有「意志」與「心態」兩層面，故「（持）敬」不論用於「已發或未發」，皆有「（以意志）保有（敬的）心態」這層面的含意。

若論「心統性情」，則更偏向心的「主宰意義」成分，因此「意志」層面的「心」對朱子來說，是「作工夫時」的一個重點。然此「作工夫時」的「心」，不論用於解釋何種傳統經典如《大學》之「誠意」或「格物」等爲學次第或條目，其中必包含「心態與意志」這兩層面，此即筆者於下章所欲論述的「工夫心」。

筆者於此先提及此包含「心態」與「意志」的「工夫心」，〔註103〕用意在於述說成聖之路的所有實踐過程中，若涉及工夫者，不論何種形式，「工夫心」必存方有意義。而此「工夫心」所涉及的「意志」與「心態」兩層面，乃介於「工夫條目」與「本源」之間；若更深層去解釋「爲何有」此「心態與意志」，則可訴諸類似「性善論」的理論解釋，亦即此種「工夫心」的「來源」是導歸於「人性善」自身。至於詳細的「工夫心」論述，筆者於第五章詳述之。

筆者既已論述朱子論「心」之大要後，則回到陽明認爲朱子的「格物」是「心理合一」而說與自己相同的這個議題上；筆者於第二章中曾提及，此「心理合一」本身亦有歧義，按照此朱子的思維脈絡述說，則朱子之「心理合一」只能在「作工夫時」上與陽明同，至於詳細的「心理合一」問題，下段即述。

二、朱子與陽明的「心理合一」問題

上述已清楚陳述朱子早年至晚年的思想大要，而此「大要」的範圍則與心性論、工夫論有關者；以此範圍定位朱子學之要旨來談論「朱陸異同」或「朱王異同」，一方面可較符合本文切合《定論》的探究範圍，亦可進一步深

〔註103〕「工夫心」之涵義，乃指稱「作工夫時」所必然涉及的「心態」與「意志」兩個內容。而所謂「心態」乃指涉「心之狀態」，如「恭敬之心」。而「意志」乃指涉「心的強制或自我要求之作用」，例如「持敬」的「持」。至於「工夫心」與「心態」、「意志」的詳細定義，筆者於第五章則有詳述。

入談論所謂「心理合一」的異同問題。

　　本文於第二章曾提及陽明批評朱子「心」、「理」為二之問題時，至最後仍有認同朱子之部分，但若涉及某意義的「心理合一」，則陽明仍採取批評態度，甚至有著根本上的不同。而筆者於該章中認為朱、王「心理合一」的「同」即「作工夫時」，不論是朱子或是陽明，都屬「心理合一」的「格物」，此亦是「工夫心」內涵下的「同」。然而，陽明對「心」、「理」之間的定位與關係與朱子不同，陽明雖然曾經肯定朱子之說，然而某層面之「心」、「理」問題就朱、王二人來說仍有其差異。於此，筆者先舉一特殊例子，作為此小節之開端：

> 朱子所謂格物云者，在即物而窮其理也。即物窮理，是就事事物物上求其所謂定理者也。是以吾心而求理於事事物物之中，析心與理而為二矣。夫求理於事事物物者，如求孝之理於其親之謂也。求孝之理於其親，則孝之理其果在於吾之心邪？抑果在於親之身邪？假而果在於親之身，則親沒之後，吾心遂無孝之理歟？……。以是例之，萬事萬物之理，莫不皆然，是可以知析心與理為二之非矣……。**吾心之良知，即所謂天理也。致吾心良知之天理於事事物物，則事事物物皆得其理矣。**致吾心之良知者，致知也。事事物物皆得其理者，格物也，是合心與理而為一者也。**合心與理而為一，則凡區區前之所云，與朱子晚年之論，皆可以不言而喻矣！**〔註104〕

此段引文，乃陽明回答顧東橋批評他作《定論》之缺失，上述論述的特殊處在於陽明一開始錯解朱子之「格物」意義，刻意將朱子論格物之說解為「割裂心理」；而後以自身「良知」之談論方式解讀「格物」，說明「格物」時不可能割裂心、理二者，而後下結論說這種「心理合一」的解讀，也是朱子晚年的談法。

　　此部分隱藏了三個問題，第一是陽明刻意曲解朱子之格物，而批評「心理為二」的問題；此部分前文已曾詳述相關議題，茲不贅述。第二問題是陽明自身對「格物」的解讀雖然是正確，但是他述說的「心理合一」與朱子之「心理合一」是否完全相同？筆者認為在工夫上說必然相同，但最重要的是朱子並沒有傾向「本源」方面的「心理合一」。因此第三個問題就在於，陽明認定的「朱子晚年之論」的「心理合一」，事實上只有在工夫方面的「心理合

〔註104〕《王陽明全集》〈語錄二〉卷二，頁44～45。

一」是跟陽明自己相同，而其他方面則有待商榷，因此陽明擴大了自己與朱子的「同」；至於詳細的論述如下。

（一）「心與理一」的各種層面

此處，所談之「心理合一」乃扣緊心性、工夫論述的「心」與「理」，故朱子論述形上抽象的「理」如「太極」或是「理氣論」等，或以存有狀態的談論形式並非筆者所欲處理者，而以「格物」作爲一個起點來談論「成聖」的過程中，「心理合一」的各種層面內容。

1、作工夫時的「心理合一」

同上述之引文中，陽明曾云：

> 吾心之良知，即所謂天理也。致吾心良知之天理於事事物物，則事事物物皆得其理矣。致吾心之良知者，致知也；事事物物皆得其理者，格物也，是合心與理而爲一者也。〔註105〕

筆者於此先分析上述幾個要點：其一，「吾心之良知即所謂天理」此句，此乃敘述「良知」一開顯即「天理」之表彰，乃述說「心」之發用意義上與「天理」的等同，而非存有上或概念可互換的等同。故陽明進而說用此「良知」之發用於事物上，必皆得其理。其二，「致吾心之良知者，致知也；事事物物皆得其理者，格物也，是合心與理而爲一者也。」此句，可知陽明將「致知」以自身的詮釋解爲「致良知」而非「知識層面」，但又扣緊於「事事物物」來說「格物」，因此「致良知」之發用於事物必能「使事事物物皆得其理」，以此良知之發用於事物上而成就「物格」，依此脈絡說「心理合一」。

另外，面對「知識」的這種基礎條件，並非僅靠「良知」即可獲得，然而陽明面對此問題時，其辯才無礙，認爲此種「知識」並非專求的重點，困難者在於「良知之發」，其云：

> 朝朔曰：「且如事親，如何而爲溫清之節，如何而爲奉養之宜，需求個是當，方是至善，所以有學問思辯之功。」先生曰：「若只是溫清之節、奉養之宜，可一日二日講之而盡，用得甚學問思辯？惟於溫清時，也只要此心純乎天理之極；奉養時，也只要此心純乎天理之極。此則非有學問思辯之功，將不免於毫釐千里之謬，所以雖在聖人猶加『精一』之訓。若只是那些儀節求得是當，便謂至善，即如今扮戲子，

〔註105〕《王陽明全集》〈語錄二〉卷二，頁45。

　　扮得許多溫凊奉養的儀節是當，亦可謂之至善矣。」〔註106〕
上述，鄭朝朔提及孝順必有其知識層面的「知」需要理解，否則如何行孝？
但陽明認為，此種關乎德性之「知識」並非難懂，而且一、二日即可講盡其
中的「方式」或「知識」，故不需要學問思辯於其中，重點應在於是否「此心
純乎天理」之發的行孝。

　　陽明之說有其合理處，亦看出他所側重的層面；事實上，此種說法誰也
無法否定，朱子亦無法推翻此種議論。然而，若僅以此種「良知之發」或「此
心純乎天理」以應天下萬物，亦無法受用。

　　此即陽明所關注重點的問題；若說朱子愚蠢至極，以「分割心理」來格物，
那麼陽明亦是至極愚蠢，只說德性而毫無知識關切。事實上雙方不可能如此；
朱子不可能「分割心理」來格物，此觀朱子以肯定「本心」，又以「敬」作工夫
即知；陽明不可能不談問學、學習知識，否則如何論學、率軍平定寧王之亂？
若論及實踐時的工夫，除筆者於第二章中所提及的「誠意」、「致知」等八目一
貫論述中，有涉及「意志」的工夫之外，陽明論述孟子之「勿忘勿助」時亦有
「意志」之「工夫心」的談論模式，當然亦導源於「良知」為基準，例如：

　　格物無間動靜，靜亦物也。孟子謂「必有事焉」，是動靜皆有事。
　〔註107〕

　　近歲來山中講學者往往多說「勿忘勿助」工夫甚難，問之則云：「才
　著意便是助，才不著意便是忘，所以甚難。」區區因問之云：「忘是
　忘個甚麼？助是助個甚麼？」其人默然無對，始請問。區區因與說
　我此間講學，卻只說個「必有事焉」，不說「勿忘勿助」。**必有事焉**
　者，只是時時去集義。若時時去用必有事的工夫，而或有時間斷，
　此便是忘了，即須勿忘。時時去用必有事的工夫，而或有時欲速求
　效，此便是助了，即須勿助。其工夫全在必有事焉上用，**勿忘勿助**
　只就其間提撕警覺而已。若是工夫原不間斷，即不須更說勿忘；原
　不欲速求效，即不須更說勿助……。終日懸空去做個勿忘，又懸空
　去做個勿助，濟濟蕩蕩，全無實落下手處；究竟工夫只做得個沉空
　守寂……。〔註108〕

〔註106〕《王陽明全集》〈語錄一〉卷一，頁3。
〔註107〕《王陽明全集》〈語錄一〉卷一，頁25。
〔註108〕《王陽明全集》〈語錄二〉卷二，頁82～83。

上述第一引文，陽明點出「格物」於動靜間無斷處，而以「必有事焉」作爲操作時的著重細節。當然，陽明的「格物」亦從「致良知」上說，故「必有事焉」則以「集義」來提點「良知之發」的重要性；此於第二引文中可得此意。第二引文中，陽明述說「勿忘勿助」之操作方式非正確，事實上僅是守此「必有事焉」即可，而此不外乎「集義」之過程，此即「必有事焉」之涵義。而在意志上操作的「勿忘」或「勿助」，只是「提撕警覺」的效果，而不能先顧慮「勿忘勿助」來操作，而忘了「必有事焉」的這種「集義」。此「集義」，事實上在陽明的思想體系中亦導源至「良知」，而其中的「必有事焉」的「集義」可視爲「工夫心」（涉及心態與意志）的操作模式；此外，又云：

> 所說工夫，就道通分上也只是如此用，然未免有出入在。凡人爲學，終身只爲這一事，自少至老，自朝至暮，不論有事無事，只是做得這一件，所謂「必有事焉」者也。若說寧不了事，不可不加培養，卻是尚爲兩事也。必有事焉而勿忘勿助，事物之來，**但盡吾心之良知以應之**，所謂「忠恕違道不遠」矣。凡處得有善有未善，及有困頓失次之患者，皆是牽於毀譽得喪，不能實致其良知耳。若能實致其良知，然後見得平日所謂善者未必是善，所謂未善者卻恐正是牽於毀譽得喪，自賊其良知者也。〔註109〕

上述陽明述說「必有事焉」乃終身之事，而此「事」的內容，即是否得「盡吾心之良知」而已，故陽明雖論述做工夫時的意志層面，而以「必有事焉」爲主導以說「集義」、「盡吾心之良知以應之」，而「勿忘勿助」僅是其間「提斯警覺」之效果或輔助而已。

　　陽明如此重視「良知」之發用，實乃爲學的側重層面問題，亦即當世之人或許學問淵博的多，卻無法以良心應事物。此現象無法明確證明，卻可從陽明多項談論中得知他的論學用意，故不論以何種方式談論實踐，陽明皆可從「良知之發」的這種「善的心態」來做基礎。而朱子亦是如此，雖然沒有以「此心純乎天理」的這種說法來解讀「格物」，但朱子論「格物」時其中的「工夫內涵」必有「意志」與「心態」（敬的心態）兩種正面意義，故必非「分割心理」；其云：

> 蓋人心之靈莫不有知，而天下之物莫不有理，惟於理有未窮，故其知有不盡也。是以大學始教，必使學者即凡天下之物，莫不因其已

知之理而益窮之，以求至乎其極。至於用力之久，而一旦豁然貫通
焉，則衆物之表裡精粗無不到，而吾心之全體大用無不明矣。此謂
物格，此謂知之至也。〔註110〕

上述，乃朱子對《大學》「知本、知之至」的補傳，其中對於「格物」解爲「窮
理」，而欲達「豁然貫通」而至「吾心之全體大用無不明」，此種解釋與陽明
殊異，但實踐的過程卻也是「心理合一」，如：

敬則心存，心存，則理具於此而得失可驗，故曰：「未有致知而不在
敬者。」（楊道夫，己酉以後所聞，朱子六十歲以後）〔註111〕

問：「格物，敬爲主，如何？」曰：「敬者，徹上徹下工夫。」（曾祖
道，丁巳年聞，朱子六十八歲）〔註112〕

敬字是徹頭徹尾工夫；自格物、致知至治國、平天下，皆不外此。
〔註113〕

上述前二引文筆者已於論述「已發未發」導出「敬」時已談論過；第三引文更
可見「敬」爲「格物致知」之實踐前提，且不論實踐至何種階段皆須內存。而
此「格物」內含「敬」所表達的「心態」與「意志」，若面對德性上的實踐，此
「敬」亦導源於「本心」或「性」，否則「敬」從何處來？另方面筆者曾談論過，
以朱子「心統性情」的架構來說，實踐時若涉及存天理去人欲，則必有「統性」
在前方能「統情」，而此「統性」亦是在心上說，如何分割心、理？也因爲「敬」
是實踐的前提，不待多言，故朱子並非言格物時必言「敬」，曾云：

問：「『格物』章補文處不入『敬』意，何也？」曰：「『敬』已就小
學處做了。此處只據本章直說，不必雜在這裡……。」〔註114〕

上述，則表示朱子認爲「敬」不待多說，乃實踐者的必備前提，而且朱子相
當重視《大學》爲學次第的本來文義，不添加自身的解釋太多，此立場筆者
已於第二章中曾述。總括來說，筆者認爲在「談論工夫時」的架構下，實踐
時所涉及的「心態與意志」必是「心理合一」的其中一種狀態，此狀態必同
於陽明的實踐內容，而僅有用詞的不同而已；例如陽明或以「誠意」來說實

〔註110〕《四書集注》〈大學章句〉，頁7。
〔註111〕《朱子語類》〈大學五〉卷十八，頁402。
〔註112〕《朱子語類》〈大學五〉卷十八，頁403。
〔註113〕《朱子語類》〈大學四〉卷十八，頁371。
〔註114〕《朱子語類》〈大學三〉卷十六，頁326。

踐時的「心態」與「意志」。但若涉及更深層的「心理合一」問題，則朱子與陽明的不同處則屬明顯，此點之述說下小節即述。

2、「心與理一」的「非工夫心」狀態

此小節，筆者同樣以上節之開頭引文爲先導，陽明有云：

> 朱子所謂格物云者，在即物而窮其理也……**吾心之良知，即所謂天理也。**致吾心良知之天理於事事物物，則事事物物皆得其理矣。致吾心之良知者，致知也。事事物物皆得其理者，格物也，是合心與理而爲一者也。合心與理而爲一，則凡區區前之所云，與朱子晚年之論，皆可以不言而喻矣！〔註115〕

上述引文，筆者不再贅述陽明之立場；於此小節的探究重點，在於「吾心之良知即所謂天理」這一語句上。陽明除了重視「格物」時是從「良知發用上」開始，故此一「發」即「天理」之展現，此已於前小節談論過。但陽明此種述說僅能說「當下」之「發」即於「天理」，並無法推廣至任何實踐時即是天理，當然陽明的述說乃偏向良知的持續發用上來說，故說「致吾心良知之天理於事事物物」，乃從此種完滿狀態下說。而此種脈絡下說「良知即天理」，雖非朱子之語言，但朱子亦無法否定之。

上述乃陽明「心理合一」的其中一種模式，即以「心」之發用即於「天理」來說「心理合一」，此種理論內涵與朱子雖非矛盾，但朱子並不依照此種脈絡述說；另方面，陽明論「心即理」的述說，其中有與朱子明顯相異者，其云：

> 先生曰：「心即理也。天下又有心外之事，心外之理乎？」愛曰：「如事父之孝，事君之忠，交友之信，治民之仁，其間有許多理在，恐亦不可不察。」先生嘆曰：「此說之蔽久矣，豈一語所能悟？今姑就所問者言之：且如事父，不成去父上求個孝的理？事君，不成去君求個忠的理？交友治民，不成去友上、民上求個信與仁的理？都只在此心，心即理也。此心無私欲之蔽，即是天理，不須外面添一分。以此純乎天理之心，發之事父便是孝，發之事君便是忠，發之交友治民便是信與仁。只在此心去人欲、存天理上用功便是。」〔註116〕

上述，陽明論說「眾理」乃在吾心上發用方有意義，而徐愛所論的「理」乃

〔註115〕《王陽明全集》〈語錄二〉卷二，頁 44～45。
〔註116〕《王陽明全集》〈語錄一〉卷一，頁 2。

屬知識層面，可見兩人說之「理」並非相同。但陽明刻意不回答實踐時的「知識」之理如何求得，反而以「如何才是有意義的理」來回答，故始終談「心存乎天理與否」，並以此心「去人欲、存天理」來用功便是。

此處即可見陽明與朱子之不同處；朱子雖然對於實踐時亦重視「敬」等「心態」或「意志」內涵，但對於「知識」層面的探究，並非如陽明皆導源至「心」上來說，也就是說朱子對眾理的談論，並非陽明「皆從心上談」，而可以單純談論「事物之理」，甚至談論抽象恆存的「理」。反觀陽明，事實上並沒有切實回答徐愛之問題，但此種問答模式多可見之，如筆者之前談論陽明的「溫凊之節、奉養之宜，可一日二日講之而盡」亦是如此模式。但再深究之，陽明此種側重面，將「理」皆歸於吾心發用處之後來說，故認為沒有「心外之理」，而此種範疇的「心理合一」並非僅於「工夫心」的範圍內，自然不同於朱子的「心理合一」之論述。若涉及較細微的事物對象敘述，陽明仍採此種立場，有云：

> 身之主宰便是心，心之所發便是意，意之本體便是知，意之所在便
> 是物。如意在於事親，即事親便是一物；意在於事君，即事君便是
> 一物；意在於仁民愛物，即仁民愛物便是一物；意在於視聽言動，
> 即視聽言動便是一物。所以某說無心外之理，無心外之物。〔註117〕

上述，陽明以「心」為主宰，而以「意」為「心之發」，以「知」為「意之本體」，以「物」為「意之所在」；皆從「心上說」。當面臨「眾事物」時，皆是心念的「意」在各種事物上而呈顯意義，而說「無心外之理」，此更可見與朱子論述之相異處。甚至，若涉及善惡判準，亦是從「心上說」，其云：

> 侃去花間草，因曰：「天地間何善難培，惡難去？」先生曰：「未培
> 未去耳。」少間，曰：「此等看善惡，皆從軀殼起念，便會錯。」侃
> 未達。曰：「天地生意，花草一般，何曾有善惡之分？子欲觀花，則
> 以花為善，以草為惡；如欲用草時，復以草為善矣。此等善惡，皆
> 由汝心好惡所生，故知是錯。」〔註118〕

上述，陽明認為「善惡」若以所謂「軀殼」起念，則非是。亦即，天地生意，花草皆無所謂「善惡」，端看人的需求中產生取捨、判斷之後，並適時的表達當中的善惡判斷。依此論說，若僅是由「某一時之狀態」所生之判斷，此善

〔註117〕《王陽明全集》〈語錄一〉卷一，頁6。
〔註118〕《王陽明全集》〈語錄一〉卷一，頁29。

惡並不固定,如此一來是否沒有善惡標準?陽明又云:

> 曰:「然則善惡全不在物?」曰:「只在汝心循理便是善,動氣便是惡。」曰:「畢竟物無善惡。」曰:「在心如此,在物亦然。世儒惟不知此,捨心逐物,將格物之學錯看了,終日馳求於外,只做得個義襲而取,終身行不著,習不察。」曰:「『如好好色,如惡惡臭』,則如何?」曰:「此正是一循於理;是天理合如此,本無私意作好作惡。」曰:「『如好好色,如惡惡臭』,安得非意?」曰:「卻是誠意,不是私意。誠意只是循天理。雖是循天理,亦著不得一分意,故有所忿懥好樂則不得其正,須是廓然大公,方是心之本體,知此即知未發之中。」伯生曰:「先生云『草有妨礙,理亦宜去』,緣何又是軀殼起念?」曰:「此須汝心自體當。汝要去草,是甚麼心?周茂叔窗前草不除,是甚麼心?」〔註119〕

上述,陽明又再補充說「善惡」是端看內心是否「循理」或「動氣」,而不是在「物」上來判斷;若能循天理便是善,動氣便是惡。其中更重要者,端看此心是否「誠意」;亦即誠意即循天理而未有一分私意,如此方得心之本然。依此論說面對外物時,例如去草與否,非以「去草」之「行為」而是「去草」之「心」是否循天理來作為善惡判準,故善惡不在「草」上、亦不在人的好惡表面上。

由上諸敘述,陽明對於「心理合一」的論說立場,若涉及工夫則端看此「心」是否為良知之發、是否循天理;若涉及事物,則認為「事物」皆從心上說,端看此心應物時,是否循理而應。此二方面的說法,皆導歸於「心」而說「心即理」、「無心外之物」等;不過,此種說法並非存有上的等同,而是強調「理」總是在「心」的收攝與發用上方有其意義。

也因為陽明側重層面如此,故其學說中鮮少提及抽象之理來談論,〔註120〕

〔註119〕《王陽明全集》〈語錄一〉卷一,頁29。

〔註120〕陽明論「理」鮮少談及抽象而非與德性相關者,但仍偶有論及,茲舉一例:如《王陽明全集》〈語錄二〉卷二,頁64中,回答陸原靜關於周子「主靜」之理時,曾言及「太極」而云:「太極之生生,即陰陽之生生。就其生生之中,指其妙用無息者而謂之動,謂之陽之生,非謂動而後生陽也。就其生生之中,指其常體不易者而謂之靜,謂之陰之生,非謂靜而後生陰也。若果靜而後生陰,動而後生陰,則是陰陽動靜截然各自為一物矣。陰陽一氣也,一氣屈伸而為陰陽;動靜一理也,一理隱顯而為動靜。春夏可以為陽為動,而未嘗無陰與靜也;秋冬可以為陰為靜,而未嘗無陽與動也。春夏此不息,秋冬此不息,皆可謂之陽、謂之動也;春夏此常體,秋冬此常體,皆可謂之陰、謂之

而多談與心相即之「理」，且多導向德性層面的「理」來說其與「心」（良知）的關聯性；而此乃陽明論述「心理合一」與朱子相異的另一種模式。

（二）陽明與朱子的「心與理一」之總括論述

1、「理」的定位差距

陽明對「理」的定位方式，若論述「格物」時，其中的「此良知即天理」事實上是論述「良知之發」的當下情境是天理之展現，此種說法亦可。若可，則朱子論「格物」時，以「敬」的態度萌發時，是否亦是天理之展現？當然陽明的「良知」又為中體，故「此發」來自良知本體，述說此良知本體之發顯即天理，此種論述於陽明自身理論上可通。但筆者要說的是，「格物」過程時，陽明所說的「良知即天理」是側重此「發之時」而非「良知本體」（雖然此「發」導源於「良知本體」），而是「發」的一種心靈狀態，也就是「良知」為出發的格物。

以「良知」為出發的「格物」，即是天理之展現；若不依照陽明自身語言來說，可說以「仁心」、「善心」出發的格物，若用其他可代替的語辭，亦可說以「誠」的態度、「敬」的態度來「格物」。按照陽明所說的切要點，若此時「格物」的發端是「良知」，則即於天理。因此，若以其他語辭來說「發端」（心之發端），事實上與陽明的說法是一致的。例如，若在「實踐層面」談論時，「致吾心之良知於事事物物」，與「以仁心於事事物物」、「以吾心之敬於事事物物」這三者之間，事實上是無法區分的。唯須注意的是，陽明的「良知」可為體，故此「發」之根源可直接從「良知」來說，而「仁」、「敬」之根源，若以朱子的語言，則來自「性」。

綜上所述，筆者要論述的是「作工夫時」，不論「發端」用詞為何，必定是儒家學者肯定的「本心」、「仁」、「性」、「善」……等基礎所導致的「發端」來實踐，有此「發端」則是真正的實踐或格物；因此朱、王於「實踐」當下必然是相同的，而且是不分割心、理的「心理合一」。唯不同則是，陽明認為此一實踐時之發端「即天理」，且導歸「心」（良知）上來說「即理」。但朱子

靜也。自元會運世歲月日時，以至刻杪忽微，莫不皆然，所謂動靜無端，陰陽無始，在知道者默而識之，非可以言語窮也。若只牽文泥句，比擬仿像，則所謂心從法華轉，非是轉法華矣。」此述，陽明亦有論及「太極」、「陰陽」等偏向抽象理的談論，而非緊扣德性、良知天理的談論，但類似此種談論甚少，可見陽明論學之關切點非於此。

並無此種直接的論述，即使當下的「仁心」或「性」所導致的「心之發端」可說是「符合天理的」，但朱子並沒有將此「天理」導歸於吾心上的發顯即說「心即理」。於此，則可大致看出從「格物」上論「心理合一」時，兩人相異的關鍵點；而此關鍵點，則在於兩人對「理」的「德性層面」與「抽象層面」於「心」上的意義層面不同，下小節即述。

2、含混的「心理合一」無法調和朱、王

上小節既已說明「心理合一」包含著朱、王對「理」定位的不同，此小節筆者論述陽明與朱子「心理合一」的最大不同處，在於「什麼樣的理」對於「心」來說有意義；析論如下。

「理」對陽明而言，從其論學要旨來說事實上他僅關心德性層面的「理」，或說是從「良知」之發用上來談的「理」才是陽明所關切的「理」，因此陽明論學，往往排除那種「萬一山河大地都陷了」也是有「理」的那種「抽象之理」；因為這對陽明而言，無法從「良知的發用上」來論說其中意義，亦非德性層面的「理」。若以理論上來劃分，朱子承認抽象原則之「理」，因此必有「心」所不能體驗者，或非緊扣德性的「理」之內容；而陽明將「理」視為「心之條理」，只有在心上說、對心有意義的「理」方是他所關切的。若以思想範圍來劃分，則筆者簡分為「德性層面之理」與「抽象之理」。

「德性層面之理」乃陽明所關心者，而且皆能從「心（良知）上說」，而「抽象之理」在這裡乃指稱如「形而上者」層次的「道」，可以獨立恆存，但朱子又可談論其「德性層面」的意義。因此「抽象之理」可以囊括「德性層面之理」，卻又有無法從「心上說」的層面內容，但朱子不排除此種「理」的談論。

就陽明而所言的「心即理」來說，事實上「心」位於主導地位，也就是「理即於心方是理」，亦即「在吾心的收發上有意義的」才是他要談論的「理」；而朱子承認客觀形上之理，即便此心無法直接含攝或發用，亦肯定一個「理」始終運行，因此「理」的內涵大於「心」所能體驗者。

再深究，陽明的「理」無法越過「心」的收發，否則對陽明來說即無談論意義，而朱子的「理」則可。雖然朱子曾說：「心具眾理」，但這是說「心」可以「具」眾理，而不是「理皆在心上說方有意義」，因此朱子曾說的「吾心之全體大用無不明」，只是說在豁然貫通之後，「心」盡可能的「俱理」而到極致。而陽明的「理」則是「此心」之持續發用且即於天理，來說「理」就在此心的發用上產生意義，故兩人論述之立場殊異且明顯。

另外，陽明雖然有所謂「良知本體即未發之中」的談論，〔註121〕但這也是從「心」的意義上來立一個本體，此「未發之中」仍因「心」方有意義，故亦非朱子承認的那種抽象之理。

從上諸述說，可知「心理合一」並不能作為調和朱、王二人的立論，因「心理合一」本身歧義，而僅有「作工夫時」的「心理合一」方能說出兩人「同」的可能。陽明論格物時以「心理合一」述說朱子同於己，事實上並沒有清楚的交代其中細節，而過於簡化含混。至於詳細的「工夫心」論述，以及筆者自身對朱陸異同、朱王異同的判斷方式，則於第五章中詳述；下節則處理陸、王二人易造成「禪」的談論內容，並述說他們的儒學宗旨並非如反調和者所批評的禪學、異學或告子之學等內容。

第二節　陸、王思想之儒學判定

一、陽明學說的儒學判定

（一）陽明學中「儒學」的要點

陽明思想以「良知」為起點，涉及儒學實踐的談論種種，均起於「良知」。而此「良知」對陽明而言，一方面是「體」，乃善端之根源，另方面是「用」，是判斷善惡的基準。而此種可為體為用之「良知」說，內含天理意蘊，故一提「良知」時，即代表「天理」之歸結處或發用處。

也因「良知」貫徹陽明的所有論學內含，論及《論語》、《孟子》、《大學》、《中庸》……等諸多傳統經典，均以「良知」一貫解釋，連帶著「知行合一」亦因此種「良知」定位而產生特殊的述說方式。談論陽明的立教宗旨之前，

〔註121〕《王陽明全集》〈語錄二〉卷二，頁 62～63 有云：「性無不善，故知無不良，良知即是未發之中，即是廓然大公，寂然不動之本體，人人之所同具者也。但不能不昏蔽於物慾，故須學以去其昏蔽，然於良知之本體，初不能有加損於毫末也。知無不良，而中寂大公未能全者，是昏蔽之未盡去，而存之未純耳。體即良知之體，用即良知之用，寧復有超然於體用之外者乎？」此述說，雖立一「性」或「未發之中」的本體，但仍從「良知」上的收攝發用上產生意義，並非那種無關乎德性的抽象之「理」。又，《王陽明全集》〈傳習錄中·語錄一〉卷一，頁 37 有云：「劉觀時問：『未發之中是如何？』先生曰：『汝但戒慎不觀，恐懼不聞，養得此心純是天理，便自然見。』」此亦從「此心純是天理」來說「未發之中」的意義。

筆者先述說一現象，此即陽明以「致良知」爲宗旨之始末內容。

〈年譜〉記載陽明於正德三年（1508 年）三十七歲時至龍場，始悟「格物致知」；〔註 122〕但陽明揭露良知之教，據〈年譜〉記載乃於正德十六年（1521年）陽明五十歲於南昌時。〔註 123〕而今本〈傳習錄〉之第一卷，乃陽明示徐愛古本《大學》要旨與多方面論學，於正德七年（1512 年）始紀錄，〔註 124〕至正德十三年（1518）年徐愛卒，而薛侃得徐愛所遺補刻而得來。〔註 125〕故此〈傳習錄〉第一卷，乃包括陽明四十一歲至四十七歲時的談論，但其中內容已多出現「良知之教法」。

筆者認爲〈年譜〉之記載應非錯誤，陽明雖於五十歲正式揭露「良知之教」，但於三十七歲龍場悟後，即於日常談論間早已以「良知」爲核心論述，而五十歲之後，正式以此爲宗旨教授門人。另外，正德四年（1509 年）陽明三十八歲時始論「知行合一」；〔註 126〕事實上，於〈傳習錄〉第一卷，徐愛與陽明論學時，亦曾出現「知行合一」的談論。

而這兩方面的立教宗旨乃陽明三十七歲之後之事，皆屬中年時期，然此「致良知」與「知行合一」，至陽明晚年皆未更改，且論學不外乎此二要旨及其延伸；試說如下。

1、從「心即理」與「良知爲體用」的立教宗旨

陽明對「良知」的悟得過程，可溯源至二十一歲時對朱子「格物」的反省，此乃「格竹」而未得；〔註 127〕而正德三年陽明三十七歲時歷經龍場之難而眞實體驗有得：

> 先生始悟格物致知。龍場在貴州西北萬山叢棘中……。因念：「聖人處此，更有何道？」忽中夜大悟格物致知之旨，寤寐中若有人語之者，不覺呼躍，從者皆驚。始知聖人之道，吾性自足，向之求理於事物者誤也……。〔註 128〕

〔註 122〕《王陽明全集》〈年譜一〉卷三十三，頁 1228。
〔註 123〕《王陽明全集》〈年譜二〉卷三十四，頁 1278。
〔註 124〕《王陽明全集》〈年譜一〉卷三十三，頁 1235。
〔註 125〕《王陽明全集》〈年譜一〉卷三十三，頁 1255。
〔註 126〕《王陽明全集》〈年譜一〉卷三十三，頁 1229。
〔註 127〕《王陽明全集》〈年譜一〉卷三十三，頁 1223 記載五年，陽明二十一歲時：「是年爲宋儒格物之學……。一日思先儒謂『眾物必有表裡精粗，一草一木，皆涵至理』，官署中多竹，即取竹格之；沉思其理不得，遂遇疾。」
〔註 128〕《王陽明全集》〈年譜一〉卷三十三，頁 1228。

上述乃陽明被貶至龍場時，居處困境、交迫之況，而反思「聖人處此」應如何應對，終悟得其中至理。此即，理於自身上求，無入不自得，非求於外物也。故從「格竹」至「龍場處境」可知，陽明對「致良知」的體悟，先是從「物」上求理不得的實況，後是己身如何「應物以求理」的體驗。而歸結這兩點，陽明認爲「聖人之道，吾性自足」，求外不如求己，故理非在外物上，而此敘述與後來之「心即理」亦有連貫關係。但此種論述看似簡單，其實是一個大總括，且非「說即是」，應落實處用功方得；故陽明曾云：

> 某於此良知之說，從百死千難中得來，不得已與人一口說盡。只恐
> 學者得之容易，把作一種光景玩弄，不實落用功，負此知耳。〔註129〕

陽明自稱其「良知」之說，乃求己之學，收得此心以應物遂得其理，而這種方式點出人人均有的良知與其發端，但仍須實落用功而不負此「良知」能力。

上述已簡要交代陽明「致良知」的悟得經過，以下則先談論「心即理」以過渡至「良知」，點出陽明的立教宗旨與特色所在。

（1）「心即理」的立言宗旨

若接續上述陽明於龍場之困境，體驗「理」並非求於物即得，而轉向內求此心以應物，則下段引文即陽明論「心理」之間的代表論述：

> 先生曰：「在物爲理，在字上當添一心字，此心在物則爲理。如此心
> 在事父則爲孝，在事君則爲忠之類。」先生因謂之曰：「諸君要識得
> 我立言宗旨。我如今說個心即理是如何，只爲世人分心與理爲二故，
> 便有許多病痛。如五伯攘夷狄，尊周室，都是一個私心，便不當理。
> 人卻說他做得當理，只心有未純，往往悅慕其所爲，要來外面做得
> 好看，卻與心全不相干。分心與理爲二，其流至於伯道之僞而不自
> 知。故我說個心即理，要使知心理是一個，便來心上做工夫，不去
> 襲義於義，便是王道之眞。此我立言宗旨。」〔註130〕

上述，陽明先點出「在物之理」雖有、亦可，然必須是「此心」在物爲理方「有其意義」，此「意義」自然涉及陽明價值意識之基本主張；故所舉之「孝」、「忠」等實踐，皆偏向德性層面之例。亦即此「心」才是應物得理與否的判準，若私心求理，非是眞理，僅是「外面作的好看」，故造成心理爲二之情境。而陽明除以此說「心理是一」之自身體驗意義時，並作爲立言宗旨，可見其

〔註129〕《王陽明全集》〈年譜二〉卷三十四，頁1279。
〔註130〕《王陽明全集》〈語錄三〉卷三，頁121。

實踐皆是從「心」上來肯定工夫意義，自然對「窮理」而執於表面之作爲批評爲「襲義」。

上文再分析之，陽明所謂「在物爲理」加上「心」字似乎多餘，因「在物爲理」一定從心上說，否則無感；然而陽明的「心」乃指涉「純心」之意，故上引文又批評「都是一個私心，便不當理」，並說「只心有未純，往往悅慕其所爲，要來外面做得好看，卻與心全不相干」，可見陽明此時所說的「心」乃良知、天理之意；曾云：

> 都只在此心，心即理也。此心無私欲之蔽，即是天理，不須外面添一分。以此純乎天理之心，發之事父便是孝，發之事君便是忠，發之交友治民便是信與仁。只在此心去人欲、存天理上用功便是。〔註131〕

> 若鄙人所謂致知格物者，致吾心之良知於事事物物也。吾心之良知，即所謂天理也。致吾心良知之天理於事事物物，則事事物物皆得其理矣。〔註132〕

上述乃陽明說「此心純乎天理」之正確實踐，故孝、忠等行爲，於此前提下方得當。而之所以能「此心純乎天理」乃因「致吾心之良知」所使然，而此類偏向德性層面的「心即理」與「良知」敘述，相關內容筆者已曾於前文談論過。以下再舉出與德性實踐非直接關聯之「心、理關係」，來說明陽明「無心外之物」的述說立場：

> 先生游南鎮，一友指岩中花樹問曰：「天下無心外之物，如此花樹，在深山中自開自落，於我心亦何相關？」先生曰：「你未看此花時，此花與汝心同歸於寂。你來看此花時，則此花顏色一時明白起來，便知此花不在你的心外。」〔註133〕

上述，乃陽明述說「花」等外物，事實上是在吾心上說方有意義，而依此脈絡來說「無心外之物」，故與「心即理」述說方式相同，以「有意義」的「理」是在「心上說」來說「心即理」；此處亦然，陽明認爲「物」必與吾心有某種意義關聯，故說「未見則寂」、「見之則明白」。因此，陽明的「心即理」與「無心外之物」絕非存有方面的談論，而是在他的「價值意識」或「關聯意義」於「心」上談的方式。若涉及「理」，則屬價值意識上德性層面與「心」的連

〔註131〕《王陽明全集》〈語錄一〉卷一，頁2。
〔註132〕《王陽明全集》〈語錄二〉卷二，頁45。
〔註133〕《王陽明全集》〈語錄三〉卷三，頁107。

結與否，來說「心即理」；若涉及單純的「物」，亦是在吾心的寂感的關聯上說。而此部分即以此述說作結，此過渡至「良知」的體用論述。

（2）「良知」為體用的論說

上小節曾述，陽明在實踐上端看「心」是否為「純」、是否因「良知」而發，而此「良知」於陽明之思想體系中，乃可為「體」之基礎義，亦可為「用」的運行義；茲論如下。

首先，筆者欲說明陽明之「良知」諸說雖與孟子不盡相同，但其論說內含有與孟子同等者；

> 知是心之本體，心自然會知：見父自然知孝，見兄自然知弟，見孺子入井自然知惻隱，此便是良知不假外求。若良知之發，更無私意障礙，即所謂「充其惻隱之心，而仁不可勝用矣」。然在常人不能無私意障礙，所以須用致知格物之功勝私復理。即心之良知更無障礙，得以充塞流行，便是致其知；知致則意誠。〔註134〕

上述「知」定為「心之本體」，乃以「良知」為基礎，說明因「良知」而心自然會「知」、「孝」、「惻隱」等，且不假外求，並與孟子之談論連貫，述說此「良知」如「本心」無法顯時僅是被「私意障礙」，因此文後則說明「心」發於「良知」便無障礙，得以「致知」來戰勝私慾，如此則方能復理而「意誠」。

上述，陽明至少以「良知」解讀三項傳統儒者之學說重點。其一；「良知」是「本體」，即孟子「以本心論性」一般，是發端的根源而不假外求。其二；以「良知」之發，即如惻隱之心一般，故「良知」有「發」的情境，可為「用」。其三；「良知」發用後便是「致知」，依此解《大學》之「致知」含意，並貫串至「誠意」而說「意誠」乃因良知充塞流行。因此就陽明而言，「良知」可貫串多項為學次第層面，故一談「良知」便可延伸至他處，雖看似易簡，其實是一個要點的諸多運用。

上述乃點出陽明運用「良知」的模式，接下來論說以「良知」形述「體用」的內含；其云：

> 性無不善，故知無不良，良知即是未發之中，即是廓然大公，寂然不動之本體，人人之所同具者也。但不能不昏蔽於物欲，故須學以去其昏蔽，然於良知之本體，初不能有加損於毫末也。知無不良，而中寂大公未能全者，是昏蔽之未盡去，而存之未純耳。體即良知

〔註134〕《王陽明全集》〈語錄一〉卷一，頁6。

之體，用即良知之用，寧復有超然於體用之外者乎？〔註135〕

上述，陽明將「良知」與「性善」定爲同等意義的層次，故說「知無不良」，就如「性無不善」一般。另外，又將「良知」形述爲「未發之中」、「寂然不動之本體」，且說「人人同具」；論述出「良知」與「性善」無異，此乃「良知」的本體意義。而後言昏蔽於物慾故「良知」未顯，但不能有損於「良知」本身，更可見與「性善」之論述模式相契合。最後明言「良知」可爲體爲用，且就「體用」而言，陽明認爲「良知」即可論述一切，不必尋求超然於「良知」之外者。

另外，陽明談「良知」亦從「心」上來說，觀其文意多可見「良知」與「心」互用之情形，其云：

然心之本體則性也；性無不善，則心之本體本無不正也。〔註136〕

人只要成就自家心體，則用在其中。如養得心體，果有未發之中，

自然有發而中節之和，自然無施不可。〔註137〕

上述第一引文乃內含著以「心」這一詞說心之本體（「良知」），仍屬性善論的立場，而後引文則述「成就自家心體」，亦即成就本來的「性善」面目，則即於「未發之中」、自然發而皆中節。

總之，陽明論述「良知」之「體」，或以「性」、「未發之中」來形述，而「良知」與「心」又時常互換，於其談論內涵中多可見此種形述。而若掌握此種「良知」談論，事實上頗爲精簡；因陽明以「良知」即可解讀傳統儒家之核心要點，且體用兼說。而此種「體用兼說」的「良知」，對陽明的其他言論頗有連帶關係，如下段所述陽明之另一立教宗旨「知行合一」，亦與「良知之教」相關聯。

2、「知行合一」的多層面含意──「意義」與「本體」

筆者之前論陽明的「理」，曾說陽明認爲可在「良知」收發上之關聯者方是他要的「理」，此觀陽明論實踐時多可見之。也就是說，何種「意義」的理是陽明肯定的？此當然是「發於良知」本身，及其實踐後應物所得之理。而「知行關係」，亦是從陽明所要的「意義上」來說；此即，陽明關心的是「知行關係」如何有「意義」，如何是「正確的」知行關係，並非單純談論「知」是什麼、「行」

〔註135〕《王陽明全集》〈語錄二〉卷二，頁62～63。
〔註136〕《王陽明全集》〈續編一‧大學問〉卷二十六，頁971。
〔註137〕《王陽明全集》〈語錄一〉卷一，頁21。

是什麼的問題。關於門人問「知行」，陽明的答覆如同回答「心與理」問題的模式，也就是回答「什麼樣的理」才有意義。前文曾提及門人問陽明「孝」的「理」分明有知識層面，但陽明回答要點反而是「純乎天理」、「良知」的「孝」才是「理」，而關於「知行」問題也是如此模式的回答，有云：

> 愛曰：「如今人儘有知得父當孝、兄當弟者，卻不能孝、不能弟，便是知與行分明是兩件。」先生曰：「此已被私欲隔斷，不是知行的本體了。未有知而不行者；知而不行，只是未知。聖賢教人知行，正是要復那本體，不是著你只恁的便罷。」〔註138〕

上述，徐愛問「知行」分明是兩件事情，而陽明回答的是「知行」要當作一件事情才有意義，才是他肯定的「知行」關係。他認為知行的本來意義是「知即行」，若只有「知」而未行，事實上是知的不夠徹底，也不是「知行的本體」；但陽明對「知而不行」以「未知」來形述，此即他認定聖人所教乃「知行本體」，不能切割「知行」為兩件；聖人之所以分說「知行」乃對症下藥而已，其云：

> 愛曰：「古人說知行做兩個，亦是要人見個分曉，一行做知的功夫，一行做行的功夫，即功夫始有下落。」先生曰：「此卻失了古人宗旨也。某嘗說知是行的主意，行是知的功夫；知是行之始，行是知之成。若會得時，只說一個知已自有行在，只說一個行已自有知在。古人所以既說一個知又說一個行者，只為世間有一種人，懵懵懂懂的任意去做，全不解思惟省察，也只是個冥行妄作，所以必說個知，方才行得是；又有一種人，茫茫蕩蕩懸空去思索，全不肯著實躬行，也只是個揣摸影響，所以必說一個行，方才知得真。此是古人不得已補偏救弊的說話，若見得這個意時，即一言而足，今人卻就將知行分作兩件去做，以為必先知了然後能行，我如今且去講習討論做知的工夫，待知得真了方去做行的工夫，故遂終身不行，亦遂終身不知……。」〔註139〕

上述，陽明又再次說明「知行」是一個，由「知是行的主意，行是知的功夫；知是行之始，行是知之成。」此句觀看，則知「未有知」則不能行，「未行」則不算是「知」，因此說「只說一個知已自有行在，只說一個行已自有知在。」而此種此才是古人說的「知行宗旨」，陽明認為，之所以說「知」說「行」是

〔註138〕《王陽明全集》〈語錄一〉卷一，頁3～4。
〔註139〕《王陽明全集》〈語錄一〉卷一，頁4～5。

「不得已」的補偏救弊,但今人卻誤以為「知行」是兩件事情,故先求「知」之後才求「行」,而導致「未知」時即無任何實行,而始終「不知」;因此陽明又說:

> 某今說個知行合一,正是對病的藥。又不是某鑿空杜撰,知行本體原是如此。今若知得宗旨時,即說兩個亦不妨,亦只是一個;若不會宗旨,便說一個,亦濟得甚事?只是閒說話。〔註140〕

此說明「知行合一」的談論是亦是對症之藥,是讓人了解「知行本體」這面目,若知此面目後,即使只是說一個知或行亦無妨。

若再分析陽明的「知行」內涵,筆者認為與陽明「良知」宗旨有著連結關係;此即,陽明的「知」必包含「良知之發」的「知」,故強調此「知」必實行後方有意義,否則僅是「空有知識」而已。也就是說,陽明以「實行」與否,來作為判斷某人是否「真知」的標準,其中亦帶出強烈的「良知」實踐意涵;其云:

> 知之真切篤實處,即是行;行之明覺精察處,即是知。知行工夫本不可離,只為後世學者分作兩截用功,失卻知行本體,故有合一並進之說。〔註141〕

上述,陽明認為「知」的實際面就是「行」,而「行」之導因來自「知」;此種知行工夫本不相離,若做兩截用功,則容易失「知行本體」。筆者反省陽明的述說,在於他思考何種「知」能促使人「必行」?配合前述,陽明之所以說「知是行的主意」,其「知」的內涵並非只有「知曉」而已,而是指出「某種知」必須包含「行」才「有意義」;而筆者認為,此種說法涉及「良知」之發用上來說。

但筆者亦非認為陽明論述「知行合一」時,所說的「知」即全是「良知」之內涵;而是說,陽明所說的「知行本體」上,必須內涵「良知」的發用來詮釋,方有一貫的說服效果。亦即,某人「知」且是良知之發用,因此必包含「行」方可成為有「意義的知」,在有意義的情況下必然知行合一,也因為如此陽明方說「今若知得宗旨時,即說兩個亦不妨」。

也因為「知行合一」在本體上是一件事情,且涉及「良知」意義的發用與完成,故陽明視此為立言宗旨。但另方面陽明又過度使用此「知行合一」

〔註140〕《王陽明全集》〈語錄一〉卷一,頁5。
〔註141〕《王陽明全集》〈語錄二〉卷二,頁42。

對善、惡兩面行為的解讀，曾云：

> 今人學問，只因知行分作兩件，故有一念發動，雖是不善，然卻未
> 曾行，便不去禁止。我今說個知行合一，正要人曉得一念發動處，
> 便即是行了。發動處有不善，就將這不善的念克倒了。須要徹根徹
> 底，不使那一念不善潛伏在胸中；此是我立言宗旨。〔註142〕

上述，即從「知行合一」的含意上講「一念發動處便即是行」的論「惡」狀
況，但陽明的「知行合一」在論述「善」或「德性」方面，是針對「有意義」
的情況來說「知行本體」，此即「善念必含善行」方有意義；而「惡」則以「知
行合一」的「不是兩件」來說「惡念即惡行」因此已有「行」之意義，故須
在意念上克制此「惡行」。

但此種「一念發動處便即是行」面對「善」、「惡」兩方之述說，無法平
等地用於「知行合一」上，因會導致「惡念發動處即是行」，但「善念發動處
卻還不是行」。若要平等論述，則「善念是行」、「惡念亦是行」方有同樣的意
念上「行」的同質性。但陽明論述「知行合一」其中一個面向，是就「有無
意義」上來說。此即，在陽明的「知行合一」架構中，並無「單純的善念」
這回事，因為已經失去「知行宗旨」且不是陽明所要的「意義」，因為「善念」
若僅止於「一念發動處」，此仍屬「未知」。但陽明又說，因為「知行合一」
故「惡念」在發動處便有「行」的意義，故需克制。也因此造成「惡念是行」
這種意念上的「行」即被陽明視為「行」，但「單純的善念」卻不被視為「行」
的特殊狀況。

若再深究，陽明過分強調「知行合一」而忽略一種情況，就是「意念上
的善」也應該有意義而只是未完滿，而「行」是使得「善意念」產生更實際
的意義；如同「惡念」一樣，惡念有其負面意義，而「惡行」產生更實際的
負面意義。陽明的「知行合一」若針對「善」的方面來說即無問題，且可收
他自身的立教特色。但若沿用於「惡念」則產生兩種標準，此乃陽明過度忽
略「意念上」的「善」之意義，且重視「惡念」須立即克制以杜絕「行」的
可能之下，所產生的誤用。

或許可為陽明解釋，就是因為「知行合一」，因此「善方面」必須包含「行」
方有意義；而也因為「知行合一」，故「惡念」也包含「行」。但如此一來，
兩者之間的「行」的層次不同：「『善念』包含『行』方有意義是一回事」，而

〔註142〕《王陽明全集》〈語錄三〉卷三，頁96。

「『惡念』卻就是『行』」則是另一標準的說法。故此方面不論如何解釋，皆無法處理陽明將「知行合一」運用至對峙「惡念」時，所造成的理論困境。

總括來說，陽明說「知行合一」有其自身特色，且突顯如何才是「知行」的意義；觀察許多為學者的實踐情況，的確有著只知而不行，或是將「知行」做兩件事而怠忽實際實踐的情況。究底來說，「不行只是未知」或許過度批評「不行」或「尚未行」的人，但在陽明認為的「有意義」知層面上，「知行合一」的確是較佳的行善模式。至於「知行合一」用於「惡念惡行」與「善念善行」所產生的不一致現象，則屬陽明理論上的疏忽。而筆者認為，從「致良知」、「心即理」到「知行合一」，以及第二章所談論的陽明諸多內涵，則屬儒家思想本位考量，均為了點出如何行善實踐；雖陽明自身創見頗多，然其立宗旨皆欲往聖人之路邁進。至於反調和者批評他的「禪」或是「陽儒陰釋」、「告子」，筆者則於下小節辯駁之。

（二）陽明學中的爭議點

既已論述陽明的儒學要點，其「類似」禪學或佛學（批評陽明者不刻意區分「禪」或「佛」，故以下簡稱「禪」論之），或易導致其他批評的思想內容，於此小節作出簡述並扼要釐清之。

1、「無善無惡」與四句教

陽明為反對調和者的批評重點之一，在於他的「無善無惡」之說；不僅如此，某些不反對陽明學說者對其「無善無惡」論說亦反對之，如顧憲成、高攀龍等多人。筆者於此欲述說陽明「無善無惡」與「四句教」的確實涵義，並作一評論總結之，試述如下。

陽明首先提出「無善無惡」的談論時，出現於〈傳習錄〉第一卷，而之前談論曾提及此乃陽明四十一歲至四十七歲之談論。故「無善無惡」之說，於陽明中年時期已出現過，而晚年之「天泉證道」述說「四句教」乃陽明去世前一年之事，亦即五十六歲時。〔註143〕故，陽明談論「無善無惡」之說，這十多年之間應時有此種類似的思維模式；其云：

> 侃去花間草，因曰：「天地間何善難培，惡難去？」先生曰：「未培
> 未去耳。」少間，曰：「此等看善惡，皆從軀殼起念，便會錯。」侃
> 未達。曰：「天地生意，花草一般，何曾有善惡之分？子欲觀花，則

〔註143〕《王陽明全集》〈年譜三〉卷三十五，頁 1306～1307。

以花爲善，以草爲惡；如欲用草時，復以草爲善矣。此等善惡，皆
由汝心好惡所生，故知是錯。」曰：「然則無善無惡乎？」曰：「**無
善無惡者理之靜，有善有惡者氣之動。不動於氣，即無善無惡，是
謂至善。**」曰：「佛氏亦無善無惡，何以異？」曰：「佛氏著在無善
無惡上，便一切都不管，不可以治天下。聖人無善無惡，只是無有
作好，無有作惡，不動於氣……。」〔註144〕

上述薛侃去花間草之說，陽明則談論有關「軀殼起念」之意，筆者前文論述
陽明「心理合一」時曾詳述，茲不贅述。而文中「無善無惡」之提出，是陽
明對於薛侃既接受「善惡」非在「物」上，亦不在心的好惡上，則是否全無
善惡之標準可言？而陽明認爲，有一種「無善無惡」的狀態，此時之「狀態」
因無心之「起念」於「理」層面，故以「靜」稱之；故此「無善無惡理之靜」
即「無善無惡心之靜」的含意。而後句「有善有惡氣之動」乃針對「善惡起
念」均由「氣質」或「情」之發而後有，若不動於氣，則無所謂「善惡」生
出，而陽明認爲此種狀態乃所謂「至善」。

　　上述，乃陽明述說「無善無惡」的第一次談論，其中點出有不帶入意念
或情感的「未發狀態」，對此時之境地以「至善」稱之。然而，薛侃認爲此類
似佛家之「無善無惡」之說，但陽明則解釋其中最大不同。他認爲佛家是執
著在「無善無惡」上面而一切不管，因此無法治天下，而聖人之道的「無善
無惡」是在「不動於氣」的狀態下行事，因此沒有在意念上執著「善」，亦不
在意念上發動故無所謂「惡」。

　　而此「無善無惡」在陽明的論說中，可以用來形述「某狀態」，亦可用來
表達「寂然不動」等諸多涵義，對於「性」的描述，亦曾用此「無善無惡」
來說此「性體」：

性無定體，論亦無定體，有自本體上說者，有自發用上說者，有自源
頭上說者，有自流弊處說者。總而言知，只是一個性，但所見有淺深
爾。若執定一邊，便不是了。**性之本體原是無善無惡的**，發用上也原
是可以爲善，可以爲不善的，其流弊也原是一定善一定惡的……。孟
子說性，直從源頭上說來，亦是說個大概如此。荀子性惡之說，是從
流弊上說來，也未可盡說他不是，只是見得未精耳。〔註145〕

〔註144〕《王陽明全集》〈語錄一〉卷一，頁29。
〔註145〕《王陽明全集》〈語錄三〉卷三，頁115。

上述，陽明先說「性無定體」，乃說明「性」本身沒有一定的體現，端看人如何體驗「性」，也因此有從「本體」上說，有從「發用」、「源頭」、「流弊」等諸方面來說。但陽明要說的是，事實上都是同一個「性」，端看見解之深淺，故不可執於一邊而否定另一邊。也因此，陽明可接受「性」的多種描述，但究底來說，他認為「性之本然狀態」應該是「無善無惡」或是「無所謂善惡」的，之所以說「善惡」，也只是在性的「發用上」說；而孟子說「性」是從四端之心導歸於源頭上說，也只是說個大概。而荀子論「性惡」，也是從「性的發用上」來說惡的根源。因此對於「性之善惡」問題，陽明肯定孟子、荀子之談論模式，卻也提出自身的見解——「性無定體」。

陽明此解，是將「性」解為「根源意義」，且是以「心」說「性」；亦即，四端、人欲皆導源於此「根源」，依此推定「此根源」無特定的「體現」而有眾多不同的方面。另方面，所謂「性之本體無善無惡」，是從「心起念」的時序上來說，因為「心」未有動念時則無善惡之區分可言，而此「性之本體」本身並不是發生於「心動念之後」，故從理論上來說可通。

因此總結來說，「性無定體」是說明人對於「根源」的體驗與推敲，並無一定的方向來說。相對的，「性」本身也沒有一定的展現方向，端看此心如何動念。也因此種思路，陽明認為「性」本身狀態，則無法用善惡言之故說「無善無惡」。

但筆者之前論述「不動於氣」的「無善無惡」時，陽明的「無善無惡」是可以用來「形述」某狀態的，且以「至善」稱之。故，若詳細端看陽明的前後文，即可之「某狀態」而「無善無惡」對陽明來說，事實上是他所肯定的「本然而至善」；故又曾云：

> 然至善者，心之本體也。心之本體，那有不善？〔註146〕

上述，陽明直接以「至善」來說「心之本體」，而陽明的「心之本體」可指涉多種概念，如「良知」、「性」、「未發之中」等多義，〔註147〕故上引文之「心之本體，那有不善」，可解讀為「性」或「良知」，而陽明又以「至善」稱此

〔註146〕《王陽明全集》〈語錄三〉卷三，頁119。
〔註147〕此方面筆者已曾論述如《王陽明全集》〈語錄二〉卷二，頁62～63：「來書云：
『良知，心知本體，即所謂性善也，未發之中也，寂然不動之體也，廓然大公也……。』」而陽明答曰：「性無不善，故知無不良，良知即是未發之中，即是廓然大公，寂然不動之本體，人人之所同具者也。」即是以「良知」、「心之本體」於文義中指涉多種概念。

「心之本體」。故總括陽明的理論內容，其「無善無惡」的這種「至善意義」可用來形述「性」（心之本體、良知），亦可直接用「至善」來形述「性」（心之本體、良知）。

也因爲陽明此種「無善無惡」並非佛家的「無善無惡」的定位，甚至以其自身對「無善無惡」定位來說「至善」，故陽明並沒有迴避以「無善無惡」或類似的概念來談論儒學內容：

> 先生曰：「無知無不知，本體原是如此。譬如日未嘗有心照物，而自無物不照。無照無不照，原是日的本體。良知本無知，今卻要有知；本無不知，今卻疑有不知，只是信不及耳！」〔註148〕

上述「無知無不知，本體原是如此」之說，類似「無善無惡」的語句用法。陽明認爲，「良知」本身「沒有刻意致知」的狀況，但卻因人有「良知」故「無不致知」，就有如太陽本身沒有照物之心卻無物不照。因此「無知」是描述「良知」的本源情境，而「無不知」卻又是此本源流露或發顯的情境。而描述此「良知」狀態與流露發用之後，陽明認爲今人對於「良知」的體驗錯誤，因爲他們不知道「良知」本身是自然致知的，此即「人人同俱」而不能抹滅的，故不是刻意去「致知」才有此「良知」；又說今人也不知道「良知使人致知」，當有人無法「致知」的時候，卻懷疑「良知」的發用功能，而這是對「良知」的信念不足、不正確的體認所導致的。

以上諸敘述，雖然陽明以「無善無惡」及其類似說法來延伸談論，並且使用了類似佛家語言的說法，但在本源上仍是儒家考量而非佛家思想內容，故非「陽儒陰釋」。當陽明以此「無善無惡」論述「根源狀態」之後，他對於此種境界的描述，於五十四歲時延伸到「四句教」的整體說法；其云：

> 丁亥年九月，先生起復征思、田。將命行時，德洪與汝中論學。汝中舉先生教言，曰：「無善無惡是心之體，有善有惡是意之動，知善知惡是良知，爲善去惡是格物。」德洪曰：「此意如何？」汝中曰：「此恐未是究竟話頭。**若說心體是無善無惡，意亦是無善無惡的意，知亦是無善無惡的知，物是無善無惡的物矣。**若說意有善惡，畢竟心體還有善惡在。」德洪曰：「**心體是天命之性，原是無善無惡的。但人有習心，意念上見有善惡在，格致誠正，修此正是復那性體功夫。若原無善惡，功夫亦不消說矣。**」是夕侍坐天泉橋，各舉請正。

〔註148〕《王陽明全集》〈語錄三〉卷三，頁109。

先生曰：「我今將行，正要你們來講破此意。二君之見正好相資爲用，
不可各執一邊。我這裡接人原有此二種，利根之人直從本源上悟入。
人心本體原是明瑩無滯的，原是個未發之中。利根之人一悟本體，
即是功夫，人己內外，一齊俱透了。其次不免有習心在，本體受蔽，
故且教在意念上實落爲善去惡；功夫熟後，渣滓去得盡時，本體亦
明盡了。汝中之見，是我這裡接利根人的；德洪之見，是我這裡爲
其次立法的。二君相取爲用，則中人上下皆可引入於道。若各執一
邊，眼前便有失人，便於道體各有未盡。」既而曰：「已後與朋友講
學，切不可失了我的宗旨：**無善無惡是心之體，有善有惡是意之動，
知善知惡的是良知，爲善去惡是格物。**只依我這話頭隨人指點，自
沒病痛；此原是徹上徹下功夫。利根之人，世亦難遇，本體工夫，
一悟盡透，此顏子、明道所不敢承當，豈可輕易望人？人有習心，
**不教他在良知上實用爲善去惡功夫，只去懸空想個本體，一切事爲
俱不著實，不過養成一個虛寂。此個病痛不是小小，不可不早說破。**」
是日德洪、汝中俱有省。〔註149〕

上述之重點，筆者分三層面論述。第一；錢緒山所舉陽明之四句教旨與王龍
溪討論，而王龍溪認爲此四句教旨並非究竟。第二；錢緒山與王龍溪兩人的
論述殊異，但並非矛盾，只是論述層面不同。第三；陽明認爲「四句教」皆
俱足才可不墮於二邊。

　　上述第一點，王龍溪：「心體是無善無惡，意亦是無善無惡的意，知亦是
無善無惡的知，物是無善無惡的物矣。」四句，乃從心體「無善無惡」的狀
態下，說此境界時所發之「意」則亦無動於善惡、「知」、「物」等層面亦是，
而此種從「無善無惡」的境界上談論一切，自然無法兼顧陽明「四句教」立
論內容。

　　第二；錢緒山之「心體是天命之性，原是無善無惡的。但人有習心，意
念上見有善惡在，格致誠正，修此正是復那性體功夫。若原無善惡，功夫亦
不消說矣。」是從下學上達的進路上說。錢緒山亦肯定「心體」無善無惡，
但人畢竟有「習心」故在於意念上必有善惡，因此必須透過格、致、誠、正
等工夫以復此「性體」，並認爲如果僅說「無善無惡」那麼工夫無所著落。

　　第三；陽明認爲兩人之說皆是，但皆偏於一邊。他認爲龍溪所說是上根之

〔註149〕《王陽明全集》〈語錄三〉卷三，頁117～118。

人方能達到的境地，一悟此「無善無惡」之本然即能應物皆當，故這種人一悟此本體，即於工夫皆透徹，而緒山之說乃針對一般人來說的下學上達之意。

在陽明的回答之後，筆者認為龍溪之說較為偏頗，而緒山則較符合陽明四句教旨。龍溪僅就「無善無惡」的境地論一切，雖於上根之人可言，但畢竟難以實行，故陽明批評：「利根之人，世亦難遇，本體工夫，一悟盡透。此顏子、明道所不敢承當，豈可輕易望人？」也因此容易造成「只去懸空想個本體，一切事為俱不著實，不過養成一個虛寂。」

回歸陽明的四句教旨內容，「無善無惡是心之體，有善有惡是意之動，知善知惡的是良知，為善去惡是格物。」其首句形述「心之體」狀態未動於氣、未動於意念，故無善惡可言，而敘述此狀態為「心之體」。而「有善有惡意之動」乃說明善惡判斷皆由於意念上發後才有；即便是「性善」本體，亦是意念上的判斷後才得以形述，不論「性」本身是否為「善」，總是在人的意念上發動才有「善意義」。而此是就「心的意念上」說善惡因意念方有，並非說「善只是意念層次上的」，此更可從陽明曾說「無善無惡是謂至善」以形述「心之體」時可見之。而「知善知惡是良知」乃說明人對於善惡之判斷是因「良知」而有，並非在「物上」、非在軀殼起念、亦非心的好惡上。末句「為善去惡是格物」乃說明從實踐上的「為善去惡」就是「格物」的表現。

上述，四句教並非所謂「連續的」教法，就陽明而言是所謂「徹上徹下」的工夫，故不論何種資質、何種階段的人，皆可從此「四句教」得到他可相應實行的方式，因此「四句教」本身並非某種「為學次第」，端看所習之人如何貫徹而已。

總結來說，陽明對緒山之言是無批評的，只是就某些極特殊的「上根之人」，四句教旨僅有首句可為其入門旨訣，故緒山強調的下學層面並非適用於「上根之人」來立教。但上根之人頗為難尋，因此龍溪之言反而危險，雖然龍溪之言並非完全錯誤，也因此陽明針對龍溪說：「此個病痛不是小小，不可不早說破。」

筆者於此總結陽明「無善無惡」與「四句教」等相關內容，認為陽明並沒有涉入佛學，「無善無惡」僅是對「心體」的一個境界狀態作出描述，並說明「善惡」的判斷是因人的「意念上」之後才有，因此並不違背「性善」論述；因為我們對於「性善」的肯定，也是發生在「意念上」之後，因此首二句分別是從「心體」的境界上說、從善惡的發生意義上說。而四句教的末二句，更無所謂佛家思想，而是以「良知」作為為善去惡的教旨。就此來說，

陽明並無違背儒家教旨，雖然他曾用了「無善無惡」等語辭來形述「心體」狀態或是「性體」，但都止於描述人的「心念未發時」，並無佛家的空義。

2、對「禪」、「老」與「告子」的態度

上述筆者已初步點出，即便有類似佛家的「用語」內容，但陽明仍屬儒家立場。筆者於此欲對陽明曾爲反調和者批評他是「禪」、「老」、「告子」等內容作出一釐清。

於第三章已曾詳述，反調和者多用「關鍵字、辭、句」來概括陽明的學說，例如熊賜履批評陽明不諱佛氏、告子之言，陳建批評陽明爲禪等。雖然如此，筆者不針對哪些「字、辭、句」來作一一的反駁工作，而是就陽明所談的佛、老、告子等內容，來釐清陽明非離儒學本位，則可自然處理此類議題。首先，筆者先談論陽明對「告子」的態度，曾云：

> 告子病源從「性無善無不善」上見來。性無善無不善，雖如此說，亦無大差；但告子執定看了，便有個無善無不善的性在內，有善有惡又在物感上看，便有個物在外；卻做兩邊看了，便會差。無善無不善，性原是如此，悟得及時，只此一句便盡了，更無有內外之間。
>
> 告子見一個性在內，見一個物在外，便見他於性有未透徹處。〔註150〕

陽明認爲告子「性無善無不善」之說「亦無大差」，但是不能執於此，因爲「性本身」雖然沒有所謂「善惡」而只能是形述，但應物在外時，則必有感而有善惡，故可說其「性善性惡」之狀態，因此告子無法解決心念之發而感於物之後的論性層面。

由於陽明自身對於「性」或「心之體」的形述，是承認可以「無善無惡」的這種狀態來形述，但承認此心體狀態之後、人有動於意念之後，對於「性」的描述而稱「性善」並不反對，因此又云：

> 問：「『生之謂性』，告子亦說得是，孟子如何非之？」先生曰：「固是性，但告子認得一邊去了，不曉得頭腦，若曉得頭腦，如此說亦是。孟子亦曰『形色天性也』，這也是指氣說。」又曰：「凡人信口說，任意行，皆說此是依我心性出來，此是所謂生之謂性，然卻要有過差。若曉得頭腦，依吾良知上說出來，行將去，便自是停當。然良知亦只是這口說，這身行，豈能外得氣，別有個去行去說？故

〔註150〕《王陽明全集》〈語錄三〉卷三，頁 107。

曰：『論性不論氣不備，論氣不論性不明』；氣亦性也，性亦氣也，

但須認得頭腦是當。」〔註151〕

上述，問者認爲陽明既然承認告子「性無善無不善」的說法並非完全錯誤，
亦認爲「生謂之性」亦有合理處，爲何孟子否定此種說法？此乃陽明認爲「論
生之謂性」是可以的，但是「是不完整的」。陽明認爲告子說「生謂之性」只
能就「氣質方面」來談，而此部分的「性」孟子亦以「形色天性也」來說。
但「性」並非僅有如此面向而已，故陽明又說若眞的知道論「性」的關鍵處，
應「性」、「氣」兼論，才不會導致一般人把所有的善惡行爲都說是來自「心
性」；若從「良知」來說，亦得兼論「氣質」來說爲善去惡等，方是論性的完
整內容。

因此，陽明對告子的「肯定」，只是從理論上來說告子之說「可」，但他
僅認爲告子說得一邊而已。也因此，陽明對告子的態度並非如熊賜履所批評
的那樣「不諱告子」，事實上陽明曾明顯批評告子不如孟子：

「志之所至，氣亦至焉」之謂，非極至次貳之謂。持其志則養氣在
其中，無暴其氣則亦持其志矣，孟子救告子之偏，故如此夾持說。

〔註152〕

孟子不動心，告子不動心，所異只在毫釐間。告子只在不動心上著
功，孟子便直從此心原不動處分曉。心之本體原是不動的，只爲所
行有不合義，便動了。孟子不論心之動與不動，只是集義，所行無
不是義，此心自然無可動處。若告子只要此心不動，便是把捉此心，
將他生生不息之根反阻撓了。此非徒無益，而又害之。孟子集義工
夫，自是養得充滿，並無餒歉；自是縱橫自在，活潑潑地；此便是
浩然之氣。〔註153〕

上述，乃陽明批評告子之失而肯定孟子「持其志」而「無暴其氣」，認爲孟子
之論述正可救告子之偏。孟子乃從「心」上說「意志」且「集義」，因此所行
皆得當而自得「不動心」之狀態，而後自然養得「浩然之氣」。而告子卻僅強
制的把捉此心，而心中卻無「集義」之內涵，無法如孟子「集義之不動心」
而無餒歉，故無「浩然之氣」可言也。

〔註151〕《王陽明全集》〈語錄三〉卷三，頁 100～101。
〔註152〕《王陽明全集》〈語錄一〉卷一，頁 22。
〔註153〕《王陽明全集》〈語錄三〉卷三，頁 107。

　　總括來說，陽明對告子的談論主要還是批評方面居多，至於陽明對告子「論性」不馬上排斥，乃因陽明自身「論性」有自身特色，且接受對「性」的各種論述形式的合理層面。之前筆者曾論述陽明接受「無善無惡」描述「心體」或「性」的理論脈絡，故對於告子的談論，陽明也只是在理論層面上的「一邊」認爲告子尚可而已。

　　另方面，陽明之所以被反調和者批評爲「禪」，乃因爲他曾使用類似佛家語辭來談論，甚至認爲佛家論述的「方式」有可取之處。但筆者認爲，肯定「論述方式」與「肯定佛學內涵」自是兩回事，且陽明對佛氏之說的接受，也僅於此方面而已。陽明仍批評佛氏甚多，而以儒家爲宗；茲述如下。

　　首先，陽明對於佛家的談論「用語」或是「方式」並不反對，例如「本來面目」此種說法，陽明認爲可用來形述「良知」；其云：

> 「不思善不思惡時認本來面目」，此佛氏爲未識本來面目者，設此方
> 便：「本來面目」即吾聖門所謂「良知」。今既認得良知明白，即已
> 不消如此說矣。「隨物而格」，是「致知」之功，即佛氏之「常惺惺」，
> 亦是常存他本來面目耳；體段工夫，大略相似。〔註154〕

上述陽明說「本來面目」即吾聖門所謂「良知」，此已透漏兩個訊息，一是「本來面目」是可以使用的語辭，非佛家專用；二是「吾聖門」所透露出的儒家本位考量。

　　上述陽明以自身的立教宗旨「良知」，說「本來面目」這一詞「可形述」此「良知」，而以此字詞形述認得此「良知」明白後即可，則不需再多言「本來面目」。另方面陽明認爲「常惺惺」的工夫亦類似儒家的「隨物而格」而「致知」，都是可以互換的「語辭」。但重要的是，陽明說「隨物而格」來「致知」，事實上是不放過任何一個格物致知的機會，不論面臨何事何物，皆以「良知」發用來「致知」，故並非某些批評者之「隨性」或「隨意」之貶意。也因這種「格物方式」與佛家「常惺惺」皆提醒隨時用工夫的意涵，故陽明說「體段工夫，大略相似」，並非「佛氏」與「聖門」同。

　　縱上所述，陽明的認同也僅止於佛學某方面的論工夫方式上、佛學在某些層面上是與儒家實踐的考量相同，但對佛氏的批評上，陽明顯得比認同的層面要多，而且是以儒學考量來批評佛學，其云：

> 但佛氏有個自私自利之心，所以便有不同耳。今欲善惡不思，而心

〔註154〕《王陽明全集》〈語錄二〉卷二，頁67。

之良知清靜自在，此便有自私自利，將迎意必之心，所以有「不思
善、不思惡時用致知之功，則已涉於思善」之患……。欲求寧靜、
欲念無生，此正是自私自利，將迎意必之病，是以念愈生而愈不寧
靜。良知只是一個良知，而善惡自辨，更有何善何惡可思？良知之
體本自寧靜，今卻又添一個求寧靜；本自生生，今卻又添一個欲無
生；非獨聖門致知之功不如此，雖佛氏之學亦未如此將迎意必也。
只是一念良知，徹頭徹尾，無始無終，即是前念不滅，後念不生。
今卻欲前念易滅，而後念不生，是佛氏所謂斷滅種性，入於槁木死
灰之謂矣。〔註155〕

陽明認為，佛氏言「不思善不思惡」只求自身寧靜，故批評其自私自利。陽
明認為「不思善惡」本身就是有善惡思慮的考量在其中的，故根本不是真的
「不思善惡」而無法「寧靜」。若於「良知」方面來說，「良知」本自安寧且
適時發用，因此不需以這種「不思善惡」來求所謂「寧靜」；而正確而形述反
而是，「良知」本身不待思慮與否，應物自然善惡可自辨，何需強求「不思善
惡」？而此「良知」本身以寧靜、未發的狀態自存，若動則而生生不已，何
需說「求寧靜」、「欲無生」？若為求「寧靜」而將這種「本來面目」操作為
「思善惡與否」，而阻絕前後思慮發念，亦入槁木死灰之境，也是佛氏自身所
批評的斷滅種性之說。

　　上文，陽明對佛氏的批評雖有待商榷，然亦可證明他對佛氏之態度並非贊
同；此外，陽明亦道出佛家自身的流弊，此即「欲斷前後念」亦非佛家之旨要。
然此文本是陽明回答陸原靜所說：「欲求寧靜，愈不寧靜，慾念無生，則念愈生，
如之何而能使此心前念易滅，後念不生，良知獨顯，而與造物者游乎？」〔註156〕
的這種以「良知」為基礎說欲求心念不起的寧靜境界，因此從整個脈絡來說，
陽明是順此問題以說「良知」為本，說明「以良知」來求寧靜、滅念為非，並
點出「良知」自身本自寧靜且可自辨善惡，故亦不需要牽扯「善惡之思」來滅
此「思」，更說即便是佛氏，亦不求此種斷滅心念的方法。

　　上述，已可大致看出陽明對佛氏思想的看法；單純從「理論上」來說，
陽明認同某些佛氏工夫論述中的正面意義，若從「語辭形述上」，陽明亦不避
諱「無善無惡」的這種境地來描述「心體」、「性」或是「良知」，甚至曾云：

〔註155〕《王陽明全集》〈語錄二〉卷二，頁67。
〔註156〕《王陽明全集》〈語錄二〉卷二，頁66。

先生起行征思、田，德洪與汝中追送嚴灘，汝中舉佛家實相幻想之說。先生曰：「有心俱是實，無心俱是幻；無心俱是實，有心俱是幻。」汝中曰：「有心俱是實，無心俱是幻；是本體上說工夫。無心俱是實，有心俱是幻；是工夫上說本體。」先生然其言。洪於是時尚未了達，數年用功，始信本體工夫合一。但先生是時因問偶談，若吾儒指點人處，不必借此立言耳。〔註157〕

上述，「有心俱是實，無心俱是幻；無心俱是實，有心俱是幻。」此種談論模式，即與佛家語言談論模式頗類同；但若歸結陽明的立教根本來解讀，則仍非是佛家理論爾。陽明的意思即龍溪所言：「有心俱是實，無心俱是幻；是本體上說工夫。」此則須思考陽明的「本體」爲何，此乃「良知」；故此「實幻」二句必以「良知」來解讀貫串之。其中的「實」、「幻」，則因「良知」解讀脈絡下而非「佛家意義」。因此陽明的意思是：「以『良知』這種本體俱存爲前提時，有「心」起念方有意義、才是『實』；而無此『良知』本體的俱存來說，即便應物而不起念，則仍是幻滅不具意義之事，故『幻』。」此內容，則是肯定「良知」本體內存時，心之動念與實踐方有意義，故是從「本體」上來說「工夫」

而「無心俱是實，有心俱是幻，是工夫上說本體。」則是「從工夫上來說本體的重要性」，因爲在「無良知本體」的前提之下，作工夫時所發之心皆「非良知」之起念，僅是「動氣之心」而無陽明要的實踐意義。因此在無「良知本體」的情況下，此時的「有心俱」皆「動於氣」因此無方向、無意義的「幻」；反而在此時，應消減此種「動於氣之心」（無心俱），反而是有意義的「實」。

上述陽明之說頗爲費解，而且論述亦有未通暢處；也因爲陽明不排斥此種佛氏用語，故其學說中偶有此種難以理解之狀況。引文中，記載錢緒山「數年用功」之後方知此二方面的意義。但文中又說：「但先生是時因問偶談，若吾儒指點人處，不必借此立言耳！」則表示陽明亦非喜愛用此種模式來教導門人。

究底來說，陽明僅偶有借用「佛家用語」而已，也非肯定佛氏的整個理論系統，何況曾批評佛氏非聖學之實用，且自私自利。若論及陽明批評佛、老之說，其實亦屬繁夥，曾云：

只說「明明德」而不說「親民」，便似老、佛。〔註158〕

〔註157〕《王陽明全集》〈語錄三〉卷三，頁124。
〔註158〕《王陽明全集》〈語錄一〉卷一，頁25。

上述，若以陽明借用佛氏語言來說，「明德」可說是「明本來面目」之意，而「本來面目」究竟為何，於此非第一重要，因為有更重要的考量，此即「親民」之說。此意即可見陽明不論「本來面目」為何，若即使以他的立教宗旨「良知」來說卻不「親民」，即是老、佛。

於此可見，陽明更關心治國平天下等相關的問題，此乃儒家實踐者的精神實踐合一的重要特色。若僅有理論上的獲得、追求境界，卻避世、自私，對陽明而言都不具儒學意義，而這也是陽明一貫的關切要點；其云：

> 佛氏著在無善無惡上，便一切都不管，不可以治天下。聖人無善無惡，只是無有作好，無有作惡，不動於氣。然遵王之道，會其有極，便自一循天理，便有個裁成輔相。〔註159〕

上述，陽明頗不能認同得到某種境界之後便「一切都不管」，即使儒家聖人得此「無善無惡」境地，但仍從「不動於氣」而無發於善惡來實踐當行之事，故非佛氏之「無善無惡」而「不可治天下」。文後又說「尊王之道」、「循天理」等補充，更突顯陽明對儒佛之辨的精要談論。

至於對老氏之學的批評，陽明亦以「良知」的立場來說明本體的發用，認為學說中並不需要多論這種多餘之「虛」或佛氏之「無」，其云：

> 仙家說到虛，聖人豈能虛上加得一毫實？佛氏說到無，聖人豈能無上加得一毫有？但仙家說虛，從養生上來；佛氏說無，從出離生死苦海上來；卻於本體上加卻這些子意思在，便不是他虛無的本色了，便於本體有障礙。聖人只是還他良知的本色，更不著些子意在。良知之虛，便是天之太虛；良知之無，便是太虛之無形……。聖人只是順其良知之發用，天地萬物，俱在我良知的發用流行中，何嘗又有一物超於良知之外，能作得障礙？〔註160〕

上述，陽明認為聖學傳統是回復「良知本色」而不著其他，因此佛氏說「無」、道家說「虛」皆不著本體，在此本體上硬是加上這些多餘的涵義，反而對本體有礙。從「良知」本身、從境界上說，「良知之虛即天之太虛」等意涵即表明「寂然」或「無形」等意義；若從本體上來說，無不與天地相應。而聖人順著此良知，不論「感」、「寂」，皆在此「良知本體」上的發用而皆得其當。也因陽明肯定此種本體形態與境界上談論，故又曾言：

〔註159〕《王陽明全集》〈語錄一〉卷一，頁29。
〔註160〕《王陽明全集》〈語錄三〉卷三，頁106。

這些子看得透徹，隨他千言萬語，是非誠僞，到前便明。合得的便
是，合不得的便非。如佛家説心印相似，眞是個試金石、指南針。
〔註161〕

人若知這良知訣竅，隨他多少邪思枉念，這裡一覺，都自消融，眞
個是靈丹一粒，點鐵成金。〔註162〕

上述第一引文，乃陽明論述悟得良知本體之境地時，不論言語上或其他層面
上，在良知面前一概明朗，而得此本體境地則類似佛家論「心印」，皆在吾心
本體上發用。而後一引文，亦是同樣立場的述說，其語言內涵雖與佛氏之語
類似、境界上亦類似，但仍是儒家本位考量，並非執於境界而滅人倫日用之
事；因陽明對於人倫日用與格物致知從未擱置：

來書云：「但恐立説太高，用功太捷，後生師傳，影響謬誤，未免墜
於佛氏明心見性、定慧頓悟之機，無怪聞者見疑。」

區區「格致誠正」之説，是就學者本心日用事爲間，體究踐履，實
地用功，是多少次第、多少積累在，正與空虛頓悟之説相反。聞者
本無求爲聖人之志，又未嘗講究其詳，遂以見疑，亦無足怪。若吾
子之高明，自當一語之下便瞭然矣！乃亦謂立説太高，用功太捷，
何邪？〔註163〕

若與之前引文一併思維，則可知陽明述說「良知」本體上，若得之則工夫易
簡，僅「致良知」即可。而此引文中，因之前陽明回答顧東橋以「誠意」爲
「聖門教人用功第一義」，〔註164〕因此顧東橋表達陽明是否「立説太高」、未
免墮於「頓悟」等。但陽明認爲「格致誠正」等諸多工夫，事實上只是以「本
心」發用於日用之間，雖然只論說「誠意」或「致知」，但其中之工夫踐履並
非如表面上之「易簡」，其中有許多次第、累積方得，因此正與佛氏的頓悟之
説相反。

　　筆者於此可知陽明乃兩面皆論；一方面述說得此「本體」的境界上狀態，
另方面又說工夫皆依此「本體」而來，說「良知」（本心……等諸義）時又內
含工夫存在，因爲即便易簡地僅指出一「致知」或「誠意」爲工夫，事實上

〔註161〕《王陽明全集》〈語錄三〉卷三，頁93。
〔註162〕《王陽明全集》〈語錄三〉卷三，頁93。
〔註163〕《王陽明全集》〈語錄二〉卷二，頁41。
〔註164〕《王陽明全集》〈語錄二〉卷二，頁41。

實踐之時其中的次第累積並非「易簡」。若總括陽明對佛老的態度，最後筆者以下一例作爲總結：

> 仙、佛到極處，與儒者略同，但有了上一截，遺了下一截，終不似聖人之全；然其上一截同者，不可誣也。後世儒者，又只得聖人下一截，分裂失眞，流而爲記誦詞章，功利訓詁，亦卒不免爲異端。
> 〔註165〕

上述，乃陽明認爲在「境界上」或「得本體上」之後，儒、釋、道是「略同」的。因爲得此本體，境界超然，或可云「無善無惡」、「超然物外」等。用儒家的語言來說，即得「未發之中」，或「從心所欲不踰矩」等境地；但此時儒者仍關懷人倫日用之事以求齊家治國平天下，而此即對比於陽明所批評仙、佛之「遺漏下一截」的內容。此外，陽明說「略同」只是就描述上說，故至極處仍非完全相同而不可輕易混同之，故說「其上一截同者，不可誣也」。

（三）陽明思想的儒學特點總結

筆者既已述說陽明的儒家本位，釐清他思想中的爭議處、易導致誤解的談論之後，於此稍作總結以歸結他的儒學特色。

1、不同語辭，同樣意義

觀陽明自身立教、談論多有其自身特色所在，而傳統上，孔子論仁、孟子說性善等，陽明雖繼承之，然卻常使用自身的語辭來說明。例如「良知」之說，視文義上的需求或前後文，可代換爲「性」、「心之體」、「未發」、「性善」、「仁」、「意誠」、「誠」……等多種專辭，若不能理解陽明一貫的論述立場，則如同反調和者的部分學者，對陽明使用這些語辭多雜感到反感，甚至批評陽明非儒。

另方面，「語辭」的使用不同，可延伸至「語句」方面來說。例如陽明對《大學》的爲學次第總是以「良知」來貫串解讀，連「格物」都以「格心」來說，「致知」亦說爲「致良知」而有自身的語句詮釋，雖筆者認爲略偏《大學》之原意，但不失儒家宗旨。因此陽明在他的談論中出現自身創見時，筆者認爲不可一概否定他的論說內容，而應試著檢閱進而接受陽明原創性解讀的合理性。至於其中的缺失，例如「致良知」之說解讀《大學》有失其原意，筆者亦曾於第二章批評之。即便如此，筆者非如反調和者所批評的方式，因

〔註165〕《王陽明全集》〈語錄一〉卷一，頁18。

陽明用語特殊來述說儒學立場、發展自己的理論系統，即視為「陽儒陰釋」。

而「知行合一」亦是其中一個例子，陽明在「本體上」說「知行合一」乃自身的立教特色，欲點出「知行」如何「有意義」，因此他在根本上說「知行合一」認為道出「知行」的最重要宗旨；並說若知此根本，則「說一個亦無妨」。筆者認為，陽明雖然在原創性上頗高，此「知行合一」於前文曾談論其中亦有過度使用之處，但基本上仍不偏離儒者本意。

最後，若理解陽明「良知」可為體為用論述，「心即理」是「理在心上方有意義」的談論方向之後，便不會批評陽明的學說非儒。若進一步將「良知」、「心即理」的諸論述原意，對應他在論《大學》諸工夫、《中庸》已發未發等多項涵義之時，即可知曉當中的立論並無矛盾衝突之處，而且有傳統儒家的價值意識於其中。而這些內容，筆者在上文諸多談論與釐清之後，認為陽明的儒學特色之一即「雖使用不同的語辭，卻形述同樣的儒家意義。」

2、同樣語辭，不同意義

陽明曾使用佛家語言，諸如「無善無惡」、「本來面目」等語辭，更曾與王龍溪談論時使用「實幻」之語來說「本體與工夫」的關係，而這些內容筆者雖已於前文釐清，但此欲再次說明數點如下。

第一，同樣的語辭使用，並非同樣的思想。反之，不同的語辭使用，卻可有同樣的思想內涵。此從邏輯上思考即可得之，故在釐清陽明的儒家本位之後，對於其使用「字」、「辭」、「句」與其他學說相似甚至是相同，則說是陽明「即是佛氏」、「即是老氏」、「即是告子」等，絕非正確論述。

第二，「同樣語辭的不同意義」的釐清過程中，可發現筆者解讀陽明之說時頗重視兩個重要程序：一是先了解他的核心概念，第二是從他的核心概念來解讀他的語辭使用，進而理解他的論學側重面。例如，筆者先了解陽明核心概念如「良知」，而此「良知」可為體為用，且運用至各個層面，故當陽明論工夫時僅說「良知」一辭時，即可知曉他可能是側重「本體」上的強調，或可能兼論「致知」之義，此視前後文義而定。又當陽明論工夫時說「誠意」或「致知」之時，即可知曉「誠意」與「致知」不離「良知」上說。故，即便僅說「一個誠意」或「一個致知」即可視前後文義來理解陽明可能兼說「體用」，或以其他語辭代替「良知」等各種說法。

總括來說，不論是否以「佛氏」或其他語言來談論「聖學」，陽明所說者，在他的語言形述總是表露出特殊的一貫立論模式。但整體而言，陽明對這些

「佛氏」或其他的「語言」也只是「使用」，而非接受其理論論點。此外，「字」、「辭」、「句」本來就有使用的自由度；佛氏說的「空」或「無」亦非佛氏能用之專利，道家所說之「虛」、「無極」亦非其可專用，端使用者看如何摘取這些字辭的涵義方向、使用者的理論系統爲何，方可作判斷。故，當筆者理解陽明的核心要旨之後，不論他用何種語言形述，亦不得說是「佛氏」、「道家」、「告子」或「異學」等。

二、象山學說的儒學判定

筆者先論陽明再論象山，實有些許用意；其一，反調和者對陽明的批評，比重上較象山爲多，或許因陽明在有關佛家的「語詞使用」這方面的問題相當多，而象山相較於陽明，則較無原創性的語辭使用。〔註166〕其二，象山學說得於孟子者多，而自身立論易簡而保守，雖然有所謂「心即理」等相關論述，但對於「心之本體」的境界描述，或使用佛、老二氏之「語辭」，相較於陽明來說亦較爲少。故釐清陽明之說後，再來反省象山之學，則較顯效果。

另方面，此處與論述陽明時不同者，在於筆者處理此議題時發現象山的爭議點幾乎從他的論學要點而來，故象山的儒學要點與其爭議處，筆者一併談論。若回顧本文第三章，筆者所舉諸多「反對朱陸調和」學者中，批評象山者亦不在少數，例如馮柯批評象山學乃「義外」的「告子之學」，而陳建批評象山爲「禪」；此些批評是否正確，即於此釐清之。

（一）象山學中「儒學」的要點與爭議處

筆者曾述象山雖不喜自身創作「語辭」來詮解儒學傳統之內涵，但「心即理」之說，卻是他的最重要創造性語辭。究底來看，此說與孟子之說難以切割，但細節上仍有所謂的原創性，且連帶著精簡扼要的體用之說，故所受

〔註166〕《陸象山全集》〈與曾宅之〉卷一，頁2～3有云：「記錄人言語極難，非心通意解，往往多不得其實。前輩多戒門人，無妄錄其語言，爲其不能通解，乃自以己意聽之，必失其實也……。且如『存誠』、『持敬』，二語自不同，豈可合說？『存誠』字於古有考，『持敬』字乃後來杜撰……。孟子曰：『存其心。』某舊亦嘗以存名齋。孟子曰：『庶民去之，君子存之。』又曰：『其爲人也寡欲，雖有不存者，寡矣……』只『存』一字，自可使人明得此理……。」由此可見，象山不欲巧立多餘之說，而直接承繼古人之說即可。但另方面，「心即理」或「宇宙吾心」等說法亦未嘗於出現於傳統儒者之立教，故象山之言並非一致。筆者認爲，若「存誠」、「持敬」之說若可牽涉相合，亦不妨可說，象山實不應杜絕此種立說自由也。

之爭議亦非小小；茲一併敘述如下。

1、「心即理」與「先立其大」的重點宣示

象山思想頗為早熟，年輕時期即以「宇宙吾心」之說述說其往後學說大旨，曾云：

> 後十餘歲，因讀古書，至「宇宙」二字，解者曰：「四方上下曰宇，往古來今曰宙。」忽大省曰：「元來無窮，人與天地萬物皆在無窮之中者也。」乃接筆書曰：「宇宙之事，乃己分內之事；己分內之事，乃宇宙之事。」又曰：「宇宙便是吾心，吾心即是宇宙。東海有聖人出焉，此心同也、此理同也。西海有聖人出焉，此心同也、此理同也。南海北海有聖人出焉，此心同也、此理同也。千百世之上，至千百世之下，有聖人出焉，此心此理，亦莫不同也……。」〔註167〕

上述乃象山年少時之悟，雖然其中有語義不嚴格之處。筆者觀之，上述象山「宇宙」之義，以「人與天地萬物」皆處於「無窮之中」來體驗，亦頗合理。而文後之「宇宙之事乃己分內之事」則僅能在某層面上合理說之。此即「宇宙之事」之「象徵」為何？此乃「所有事」也；而觀象山所關切之「所有事」，實以人倫日用至家國天下者，故此「宇宙之事」僅能以象徵之意理解，「宇宙之事」超乎人類所能之事多者，故「宇宙之事」即「己分內之事」應非細節意義上的等同，而是責任上或是理想上的述說。故象山此意，可見其企圖心之強、使命感之甚。依此脈絡，其「宇宙便是吾心」可從其「宇宙之事乃己分內之事」來理解其述說要旨；因此所謂「便是吾心」乃以「宇宙所有之事」皆於「吾心」中發顯，而「吾心便是宇宙」則述說「在吾心彰顯之所有可能之下，則與宇宙之事相即」之義。然這些談論實難有明確指涉，語意上亦欠嚴格，故筆者認為此乃其早年之悟而無精細述說之系統，象徵意義曾份較多。

但上文中，象山所舉聖人之「此心同」、「此理同」則有豐富意味。其言說是在「宇宙、吾心」二者之間的關聯下，述說「聖人之心皆同而此理亦同」，故象山認為聖人之觀照層面，皆有其心、其心皆同，且同於「宇宙之事即『己』分內之事」之述說。也就是說，聖人之「心」皆同，且囊括所有事，且與「吾心」同。此點出象山之「心」論大旨，此即「己心」與「聖人之心」同，而所欲求之理，皆放眼至宇宙之所有事，而說「此理同」。而如此的談論方式於

───

〔註167〕《陸象山全集》〈年譜〉卷三十六，頁316；並記載象山於紹興二十一年（1151年）十三歲時悟得此「宇宙吾心」之說。

筆者眼中，若論及與聖人之「此心同」、「此理同」則較可體驗；若涉入宇宙
所有之所有事即吾心，則較難通順言之。直至象山直接談論孟子之說與「心
即理」時，則其說法較有系統，亦較有依據可循，其云：

> 孟子云：「盡其心者，知其性；知其性，則知天矣。」只是一個心，
> 某之心、吾友之心，上而千百載聖賢之心，下而千百載復有一聖賢，
> 其心亦只如此。心之體甚大，若能盡我之心，便與天同。〔註168〕

上述，相較於象山早年的「宇宙吾心」之說，此部分言聖賢之「心」與「天
同」則較能體會之。象山以孟子的「盡本心」而知「性善」，而後知「性善」
與「天」之關聯，來說明「聖賢之心」皆不外乎此，人人皆有；若能盡之，
則與天同。另方面，又依孟子之言談論「心即理」之說：

> 孟子曰：「心之官則思，思則得之，不思則不得也。」又曰：「存乎
> 人者，豈無仁義之心哉？」……又曰：「人之所異於禽獸者幾希，庶
> 民去之，君子存之。」去之者，去此心也，故曰：「此之謂失其本心」；
> 存之者，存此心也，故曰：「大人者不失其赤子之心」。四端者，即
> 此心也；天之所以與我者，即此心也。人皆有是心，心皆具是理，
> 心即理也。故曰：「理義之悅我心，猶芻豢之悅我口」……。〔註169〕

上述，可明顯知曉陸子言「心即理」來自孟子的諸多解讀而來，象山以「心
之官則思」、「仁義之心」、「本心」、「赤子之心」來說「四端者，即此心也」、
「天之所以與我者，即此心也」，進而說人都有此心，而此心皆具此理，故說
「心即理」；而後以孟子「理義之悅我心，猶芻豢之悅我口」來說「心即理」
的狀況是「思」或「本心」應對外物時，獲得的理義皆在此「心」上，而且
是如「猶芻豢之悅我口」這種「理」那樣的自然。

　　上述，象山「心即理」可簡化為兩個層面，一是從孟子的「本心」上說
人皆有此心，二是說此「本心」皆俱「行本心之事」的這一個「道理」（即「理」）。
此言意義若粗略說，即：「『本心』與『本心可行善之理』乃人人俱有」的意
義下說「心即理」，故象山言理，其基礎是在「心」上。

　　承上述，可知象山「心即理」之說並非直接表明「心就是理」，也非定義
上的等同；此外，他的「理」在許多指涉上是「本心所俱者」、「本心所發者」
即合於「理」的義涵。而其中，也因為象山單純論「理」概念較少，故筆者

〔註168〕《陸象山全集》〈語錄〉卷三十五，頁288。
〔註169〕《陸象山全集》〈與李宰二〉卷十一，頁95。

也僅能從他的「心即理」義涵來得知他的「理概念」；事實上僅有兩方面，也就是「從心上」說「即理」，以及「『本心所能發用如四端等義涵』的這一個『理』」。也因爲他重「本心」之展現，故象山在單純論「理」亦無所謂「系統化論述」，所說亦非清晰，曾云：

> 理只在眼前，只是被人自蔽了……。須事事物物皆不放過，磨考其理。且天下事事物物只有一理，無有二理；須要到其至一處。〔註170〕

> 此理宇宙間，何嘗有所礙？是你自沉埋、自曚蔽……。〔註171〕

事實上，上述象山言「理」或許以「心」代替之反顯通暢。例如第一引文中的「天下事事物物只有一理」，則可以「心」來解讀之，即爲：「『天下事物』只有一個方向的『理』，且是從『心』上來說的」，而此理僅從心上可得之驗之，故說「無有二理」。而第二引文中，說「此『理』是你自沉埋、曚蔽」，替換以「心」反顯象山論述之深義。

也因象山將主體的「心」作爲基礎，故「不是以心」爲主導的抽象之理較少關切並無系統化的陳述。在象山的思考中，總是安頓此心來應物即是，故不論是何種「理」，皆在心上說則是。若再深究，象山所關切之「理」則屬德性實踐方面爲多，此乃傳統儒者最關心之事；回顧其年輕時的「宇宙吾心」之說，若以現實層面來看，則僅能發用在這些人倫日用之事上面來談論；其云：

> 孟子當來，只是發出人有是四端，以明人性之善，不可自暴自棄。苟此心之存，則此理自明。當惻隱處自惻隱，當羞惡、當辭遜；是非在前自能辨之……。〔註172〕

上述，象山則以德性層面來說心、理關係；他以孟子說「四端」乃言「從心存之」，若「存」則此「理」自明。也就是說，象山認爲透過「存心」這樣的過程，而得知「性善」、「四端」這些「理」，故皆與「德性層面」之「理」有關，且皆從「心」上這一前提來說。

當然，「理」之內涵有所謂的「知識」層面，但象山並非將這些「知識」或「方法」以「理」解之，其云：

> 爲學有講明，有踐履。《大學》致知、格物，《中庸》博學、審問、慎思、明辨，《孟子》「始條理者，智之事」；此講明也。《大學》修

〔註170〕《陸象山全集》〈語錄〉卷三十五，頁294。
〔註171〕《陸象山全集》〈語錄〉卷三十五，頁294。
〔註172〕《陸象山全集》〈語錄〉卷三十四，頁252。

> 身、正心，《中庸》篤行之，《孟子》「終條理者，聖之事」：此踐履
> 也。自《大學》言之，固先乎講明矣。自《中庸》言之：「學之弗能，
> 問之弗知，思之弗得，辨之弗明，則亦何所行哉？」未嘗學問思辨，
> 而曰：吾唯篤行之而已，是冥行者也。自《孟子》言之，則事蓋未
> 有無始而有終者。〔註173〕

上述，除了表達出象山不否認《大學》、《中庸》等「述說」之「講明之事」，
更點出「踐履之事」，即肯定「學思問辯」之「講明」重要性，認爲這些是不
陷入「冥行」的實踐方法或前提，但筆者認爲「講明」這種「知識」之深義
非等同於象山的「心即理」內容中的「理」，因重點仍在實踐時是否出於「本
心」。從理論方面來說，「理」概念雖必然包含知識，關乎實踐時的知識層面
或方法雖可說是「一種理」，但象山自身肯定的「理」並非此脈絡下的「理」，
故若單純以常識或知識意義的「理」來論說，則離其關切點較遠矣。

　　從上述之談論連結有關象山「心即理」的諸多內涵可知，象山論「理」
時較偏向實踐層面的論述是否「出於本心而合於理」，而且是配合孟子的談論
脈絡導出自身的「心即理」；而此意義下的「心即理」立論依筆者之解讀乃象
山對孟子繼承後的自我發展。若論其繼承孟子之工夫，則以「先立乎其大」
爲是：

> 此天之與我者，非由外鑠我也。思則得之，得此者也。先乎立其大
> 者，立此者也……。孟子曰：「人皆可以爲堯舜」、「病其自暴自棄」，
> 則爲之發四端。曰：「人之有是……。而自謂不能者，自賊者也」。
>
> 〔註174〕

上述乃以「天之與我者」來說仁義內在或「性善」等涵義，因此透「思」則
可得吾本有之性善、本心。因此上述之「立」乃立此本於內，發則於四端上。
象山特別重視此關鍵，故立說多不離此，而自云：

> 近有議吾者云：「除了『先立乎其大者』一句，全無伎倆。」吾聞之
> 曰：「誠然。」〔註175〕

上述乃象山自嘲之語，因其學說的確頗重視「根源」，故僅以孟子之「立乎其
大者」爲要旨。而象山「立乎其大」即「立本心」之義，若以儒者來說已道

〔註173〕《陸象山全集》〈與趙詠道二〉卷十二，頁102。
〔註174〕《陸象山全集》〈與邵叔誼〉卷一，頁1。
〔註175〕《陸象山全集》〈語錄〉卷三十四，頁255。

出實踐要點,且象山補以「志」述說;曾云:

> 此章以義利判君子小人,辭旨曉白,然讀之者,苟不切己觀省,亦
> 恐未能有益也……。竊謂學者於此,當辨其志。人之所喻,由其所
> 習;所習由其所志。志乎義,則所習者必在於義;所習在義,斯喻
> 於義矣!志乎利,則所習者必在於利;所習在利,斯喻於利矣。故
> 學者之志,不可不辨也。科舉取士久矣,名儒鉅公皆由此出。今為
> 士者,固不能免此……。而今世以此相尚,使汩沒於此而不能自拔,
> 則終日從事者,雖曰聖賢之書,而要其志之所鄉,則有與聖賢背而
> 馳者矣……。〔註 176〕

上述,乃淳熙八年辛丑春二月（1181 年）象山受朱子之邀,於白鹿洞書院講授之「君子喻於義,小人喻於利」。其中「君子、小人」以「義、利」來分判,且分判又涉及內心之「志」所定,因此儘管博學飽讀詩書,若「志」不在行義而有背於聖賢者,則屬「勢利之小人」。

上述象山之說可謂簡明扼要,朱子亦稱讚不已而云:「至其所以發明敷暢,則又懇到明白,而皆有以切中學者隱微深痼之病,蓋聽者莫不悚然動心焉,熹猶懼其久而或忘之也……。」〔註 177〕故此「講義」所談者,乃朱、陸所共識的聖賢為學旨要。

也因象山立講明確簡要,他對門人之訓誡內容亦多屬孟子所論之要旨,例如「立本」、「立志」等要旨,然象山以這種精要的論述方式作論學要旨,其工夫操作亦從此「立本」之相關者;下小節即述。

2、收拾精神與易簡工夫

象山之學說精要處實從孟子而來,〔註 178〕其「本」指涉「本心」,而論工夫又常言「立本」此處,故相當簡要,曾云:

> 不專論事論末,專就心上說。〔註 179〕

上述之談論,就象山之論學系統來看乃可涉及體用兩者;一是「專就心上說」乃指涉其「本心」之發與否,而工夫方面亦是在是否「立本」或「發於本心」這一處上說,故稱「不專論事論末」。

〔註 176〕《陸象山全集》〈講義・白鹿洞書院講義〉卷二十三,頁 174～175。
〔註 177〕《陸象山全集》〈講義・白鹿洞書院講義〉卷二十三,頁 175。
〔註 178〕《陸象山全集》〈語錄〉卷三十五,頁 308 云:「某嘗問先生之學,亦有所受乎?曰:『因讀《孟子》而自得之。』」
〔註 179〕《陸象山全集》〈語錄〉卷三十五,頁 307。

　　另外，從象山對爲學工夫的諸多談論中，若單純論「本」較多者，則以「收拾精神」爲主，若涉及實踐層面較多者，則「立志」之實踐爲主；論「精神」時，其云：

　　　　心不可泊一事，只自立心。人心本來無事，胡亂被事物牽將去。若
　　　　是有精神，即時便出便好，若一向去，便壞了。

上述乃「立本心」之說；象山以原初狀態來說人心本來存此「本心」而無事可礙，之所以有礙乃被事物牽懸所導致，因此應「立心」即「立本心於己身」而「不泊一事」。文後又說「若是有精神」則「便出便好」，不要執著於外，若一直盲目追求，便是壞事。

　　從上可知象山論述「本心」與「外物」之關係，其中之「精神」乃指涉「心念發動」來說。而「心念發動」若被事物牽扯，則流於外而失內，故說「便出便好」而不應過度而「一向去」。而象山對此「精神」之說，又云：

　　　　人精神在外，至死也勞攘，須收拾作主宰。收得精神在內，時當惻
　　　　隱即惻隱，當羞惡即羞惡。誰欺得你、誰瞞得你？〔註180〕

　　　　精神全要在內，不要在外，若在外，一生無事處。〔註181〕

上述，「收得精神在內」即「將意念收發於內」之意；而此「內」，即收歸「本心」之所。因此「收得精神在內」之後，意念之發、心之動，皆出於「本心」透過「思」之主宰而可「當惻隱即惻隱」、「當羞惡即羞惡」。而此說乃以「精神」作爲「心念之發」來說，且「收」乃指稱回歸於「本心」上，主要亦是在「心」上說此工夫。

　　但「精神」一詞，並非僅有上述之意，亦有指涉「意志」或「志向」者：

　　　　大丈夫精神，豈可自埋沒？……「爲仁由己」、「有能一日用其力於
　　　　仁，我未見力不足者。」聖人豈欺後世？〔註182〕

上述，乃以「精神」指稱「意志」或「志向」內容，以「爲仁由己」、「用其力於仁」強調「精神」內涵中的持續或主宰、強制意義等意義。因此，不論象山言「精神」內容爲何，觀其論說要旨均是儒者實踐的合理參考路線。也因爲其說簡要，且涉及「精神」之詞，故不僅於筆者所談之反調和者曾經批評象山，於當時亦有譏諷者：

─────────────

〔註180〕《陸象山全集》〈語錄〉卷三十五，頁295。
〔註181〕《陸象山全集》〈語錄〉卷三十五，頁306。
〔註182〕《陸象山全集》〈與諸葛誠之三〉卷四，頁33。

或有譏先生之教人，專欲管歸一路者，先生曰：「吾亦只有此一路。」
〔註183〕

上述，象山對於其他學者的譏諷完全不遮掩，反而有自信的回答之。故「管歸一路」，乃象山自己承認的教學要旨。事實上，管「心」而一路歸於「本心」，而使「發」皆從「本心」而出，此「路線」看似精簡而無奇，事實上卻是儒者實踐的要訣處；若僅有此路，亦不失儒家實踐要旨，故象山又曾云：

千古聖賢，只是辨一件事，無兩件事。〔註184〕

上述「一件事」可說是「一個方向之事」，或云「一個理」。象山認為千古聖賢所說，只是在說明一個理，而此「理」即點出「心」之重要；除「心」之外，別無待辯者，故說「無兩件事」。象山之「一件事」論述，雖然曾經配合「心」與「志」兩者來說，但究底來說，無「本心」之前提所立之「志」並非象山所說之「志」；而「立志」乃點出「本心」發用於「義」上的目標之意志強調。因此就象山理論內部而言，談「立志」必內涵「本心」之義，談「本心」必以「立志」而能得穩固彰顯，故曾云：

志向一立，即無二事。此首重則彼尾輕，其勢然也。〔註185〕

上述可知象山對「立志」之重要性強調，其他面向則為其次。若說象山之工夫易簡，確實如此，但此「易簡」並非「易達」，筆者認為此種論述路線應共存於儒學內容。但也因為象山強調「易簡工夫」，他對許多人求於見聞、知識層面而導致支離則加以批評：

天下雖有美材厚德，而不能以自成自達，困於聞見之支離，窮年卒歲，而無所至止。若其氣質之不美，志念之不正，而假竊傅會，蠹食蛆長於經傳文字之間者，何可勝道？……。於此有志，於此有勇，於此有立，然後能克己復禮，遜志時敏……。〔註186〕

所謂「誠其意者」、「無自欺也」一段，總是修身齊家治國平天下之要，故反覆言之……。自欺，是欺其心；謹獨，即不自欺。誠者自成，而道自道也……。〔註187〕

〔註183〕《學蔀通辨‧後編》卷上，頁154。象山語見：《陸象山全集》〈語錄〉卷三十五，頁263。
〔註184〕《陸象山全集》〈語錄〉卷三十五，頁280。
〔註185〕《陸象山全集》〈與趙然道〉卷十二，頁100。
〔註186〕《陸象山全集》〈與侄孫濬〉卷一，頁9。
〔註187〕《陸象山全集》〈語錄〉卷三十五，頁269。

上述，象山仍以「志念」須正，於「聞見」中方能有得，否則僅限於聞見而產生「支離」且無所止。若回顧筆者稍前所說象山之「君子小人義利之判」，則可見其論學要旨皆在心上說，且反對空有知識學問。也因象山論學要點幾乎在「立本」、「立志」上，此種論述爲學之精簡式談論亦曾遭受批評：

> 吾之教人，大概使其本常重，不爲末所累，然今世論學者，卻不悅此！〔註188〕

上述可理解象山所論之內涵因「立本」之處的強調，對細節之工夫內容或工夫條目較少談論而遭受批評，但象山只是希望學者「不爲末所累」，而且不希望學者僅是飽讀詩書、在支節上打轉而無聖人之志；曾云：

> 學者須是有志；讀書只理會文義，便是無志。〔註189〕

由上述可知象山認爲讀書若僅理會文意，乃無志矣；讀書得理之後，應配合自身之立志以行義，否則僅是空談。而此談論並非表示象山否定讀書窮理，而是道出當實學者以博學多聞爲重而失聖賢內在精髓。但象山並非表示把握此「本」、立「志」即說此爲得道，曾云：

> 無所發明爲學端緒，乃是第一步。所謂升高自下，陟遐自邇，卻不知他指何處爲千里。若以爲今日捨私小，而就廣大爲千里，非也。
>
> 此只可謂第一步，不可遽謂千里。〔註190〕

上述象山點出其爲學之要旨例如「本心」、「立志」等，僅是「端緒」或「第一步」而已，而並非言此「立本」、「立志」即爲實踐完成，故說「不可遽謂千里」。

總之，象山「收拾精神」與「易簡工夫」之說，常爲後人批評過於簡略、反對實踐、見聞，事實上象山只是說明「無本」則其他皆「非是」而已，並道出當時學者之病。若象山對此種側重爲非，則朱子亦不會贊同象山於白鹿洞書院之講學內容，進而說：「皆有以切中學者隱微深痼之病」了。

3、對朱子、告子與闢佛的相關談論

象山曾被批評者視爲「告子之學」，如第三章曾談論馮柯之《求是編》內容即以此爲方向，述說象山乃「孔門別派」之云爾。此外，批評象山爲「禪」者較多，如陳建、張烈、熊賜履……等多人。而此小節筆者則敘述象山對告

〔註188〕《陸象山全集》〈語錄〉卷三十五，頁261。
〔註189〕《陸象山全集》〈語錄〉卷三十五，頁279。
〔註190〕《陸象山全集》〈語錄〉卷三十四，頁258。

子與佛氏之批評，兼論象山對朱子的簡要批評，而後以之前筆者所釐清的象山儒家涵義來作一總結。

（1）對告子之與朱之子批評

筆者將象山評論朱子與告子一併談論，其用意乃簡要其中談論，因象山闢佛之說與批評告子、朱子之說法較爲不同。而此處筆者先強調一要點，此即象山是否曾經批評朱子爲「義外」之說者；而查遍象山之所有書信談論中，無直接批評朱子爲告子，或直接對朱子批評爲「義外」的直接談論。此外，象山對告子的批評，乃從「不動心」與「論性」上說者，並非出於朱子對「告子」之批評內涵；此即朱熹所說的：

陸子靜云：「讀書講求義理，正是告子義外工夫。」某以爲不然。如子靜不讀書，不求義理，只靜坐澄心，卻似告子外義。〔註191〕

但筆者觀閱象山所留下之書信與語錄中，並無以「讀書講求義理」來說此爲「告子義外」，象山所批評的「告子」，多從「不動心」之論述上說，少數則屬「論性」之層面。至於朱子所指稱的象山之言語，不知是否亡佚而未收錄？但若就象山的思想系統來看，若僅有讀書講求義理的確是他反對的傾向之一，但也屬「無志」方面之批評；故朱、陸之間，批評對手爲「告子」者，並非象山而是朱子。〔註192〕

若回到象山對告子的態度，實以批評者多，且非以「讀書講求義理」之方向來批評；若論其中爭議處，乃象山說告子頂多僅能視爲「孔門別派」，其云：

告子硬把捉，直到不動心，豈非難事？只是依舊不是。某平日與兄說話，從天而下，從肝肺中流出，是自家有底物事，何嘗硬把捉？……。告子之意：「不得於言，勿求於心。」是外面硬把捉的；要之，亦是孔門別派，將來也會成，只是終不自然。孟子出於子思，則是涵養成就者，故曰：「是集義所生者」。〔註193〕

〔註191〕《朱子語類》〈孟子二・公孫丑之上〉卷五十二，頁1264。

〔註192〕事實上朱子批評告子之「不動心」與象山之說法類同，亦是從孟子的「集義」而告子乃「硬把捉」方面上說的。故朱子批評象山爲告子，其中一面向乃認爲象山僅言此心，且認爲象山類似告子「硬是把捉」此心，即如引文所言之「不讀書，不求義理，只靜坐澄心。」但象山並非完全「不讀書」、「不求義理」，故朱子之說並非妥當。此外，關於朱子評論告子有關「不動心」之說，如《朱子語類》〈孟子二・公孫丑之上〉卷五十二，頁1233云：「告子不動心，是硬把定。」

〔註193〕《陸象山全集》〈語錄〉卷三十五，頁287～288。

上述，象山認為告子的可取處是在「把捉上」而得「不動心」，亦即直接意志上的操作，並非仁義內在的「集義」之「不動心」。也就是說「不動心」有兩種狀態，一是孟子方式的「集義」、「定志」而自得的「不動心」，另一種是意志強迫下而得的「不動心」，兩者表面狀況相同，但內涵差距多矣！若就理論來說，若真能以告子之操作方式得「不動心」亦非毫無可取，因這種「不動心」雖非內存仁義，但亦不至於為惡。因此象山就事論事說「是外面硬把捉的；要之，亦是孔門別派」，而後說「將來也會成」乃說單純從意志上克制是有可能成功的「不動心」，但總是「不自然」，故強調正確模式是孟子的「集義」所生之「不動心」。

於此可知象山對告子之說的「稱讚」也只在於「意志操作上」這方面而已，回到現實層面，若有人真能單純從「意志」上克制而得「不動心」亦是難得，故若生激賞之心亦無可厚非。然而象山已明白表示「不動心」應以孟子方式為是，因此餘下之爭議，僅剩「孔門別派」這一議題。而此即筆者第三章談論馮柯之批評內容，其來源乃《論語》中原憲詢問孔子「仁」時，所表達的涵義不為孔子明確認同：

> 「克、伐、怨、欲，不行焉，可以為『仁』矣」？子曰：「可以為難
> 矣，仁則吾不知也。」（《論語・憲問》）

上述，原憲以不為「好勝」、「自矜」、「怨恨」、「貪欲」等諸事可否為「仁」來問孔子，而孔子說這樣相當困難（或是難得），但是否是「仁」則不知。從孔子因材施教的一貫內涵來看，回答中至少帶有兩層涵義。

一是孔子說「不知」而不說「是」或「非」，則可知原憲所指稱之四種行為之「不為」並非判斷「仁與否」的標準。從孔子一貫重視的內涵來看，「仁」並非僅在表面上說，而端看內心上方有意義。故第二層涵義即，端看是「什麼樣的方式（心）不行那四種行為」，若從「仁心」或云其他無私之心態而發且達成，必是；若僅是強迫、克制下的不行以求表面之平靜，則非。

而象山認為此種專在「意志上克制」的工夫為「孔門別派」關鍵於何？此必須回到象山前後文來看，觀象山直接以孟子的「集義」來說與告子的差別，故可知即便為「孔門別派」，卻喪失了最重要的「集義於內心」這一重要前提。故象山所說的「孔門別派」，應屬貶義者多；且他是說「『要之』，亦是孔門別派」，此即「頂多、勉強是像原憲那樣的『孔門別派』」。

而究竟在象山眼中，「告子」與「孔門別派」是否有差距性？事實上仍有，

因從語言使用來看，說「『X』『頂多是』『Y』」的時候，「X」與「Y」必仍有一些差距；因此就象山的語言使用來看，告子事實上連「原憲這種意志上克制」的「孔門別派」都稍微不如。

另方面，論及朱子時，象山眼中的朱子偏向前文曾舉〈白鹿洞書院講義〉所稱之「僅讀書講求義理」而輕視「本」，對於朱子後來的「去短集長」之說亦不領情；曾云：

> 朱元晦曾作書與學者云：「陸子靜專以尊德性誨人，故游其門者，多踐履之士，然於道問學處欠了。某教人者豈不是是道問學處多了些子，故游某之門者，踐履多不及之。」觀此，則是元晦欲去兩短合兩長；然吾以爲不可，既不知尊德性，焉有所謂道問學？〔註194〕

上述，朱子透露出以往對「尊德性」之輕忽處，而欲同等重視「尊德性」與「道問學」兩者。但象山則不以爲然，認爲必以「尊德性」爲「先」而後「道問學」方有意義。也因此，象山始終認爲朱子對外在之見聞追求過度，批評云：

> 朱元晦泰山喬嶽，可惜學不見道，枉費精神……。〔註195〕

上述，象山是針對朱子不以「立本」爲最初下手要旨來說的，即便學富五車、知識淵博，卻僅是「枉費精神」而已。

而筆者認爲，象山對於朱子的評論亦有過度之處，無怪乎其門人多認爲二家之學頗不相容；事實上，象山的批評自是站在自身立場上說，雖有合理性卻無必然的說服效果。至於朱、陸之間關於「心性」、「工夫」方面的互相批評等問題如何解決，筆者於第五章論述朱、陸、王三人之「同」的內涵之後，則自可釐清此類問題。

（2）象山似佛與闢佛內涵

象山最常遭受批評者，是他是否「入禪」之問題，從象山早年的「宇宙吾心」之說，可知此「悟」的內容頗爲特殊而有著超越經驗層次的意義，且將「宇宙」及「宇宙之事」接納入「吾心」上來說，此種談論對儒者而言頗爲少見，反而佛氏之說反有類似此種言語者。此外，象山之工夫易簡、重視「精神」之收拾，且對「見聞」之讀書層面較不重視，故極易陷入被批評爲「禪」的架構中。

〔註194〕《陸象山全集》〈語錄〉卷三十五，頁255。而朱子之說見於《朱子文集》〈答項平父二〉卷五十四，頁2550。

〔註195〕《陸象山全集》〈語錄〉卷三十四，頁266。

　　筆者認爲象山容易被批評爲「禪」的原因，事實上可歸結於一個大方向，就是他喜好談論境界，即便論及爲學方面亦多從立本、立志上說而鮮少其他談論路線；此部分茲述如下。

　　象山喜從境界上說者，除早年「宇宙吾心」之說者，其〈語錄〉中多可見此方向的談論：

> 若是則動亦是，靜亦是，豈有天理物欲之分？若不是，則靜亦不是；豈有動靜之間哉？〔註196〕

> 一是即皆是，一明即皆明。〔註197〕

上述第一引文乃「動靜無分」之說，可說是已達到皆從「本心發」之境地來說，故動亦是「行此本心之發」，靜亦是「守此本心之存」，象山認爲在如此的境地下時何有天理、人欲之分？如果無本心存於內，則雖動靜又如何？故後引文之「一是即皆是」，亦言皆以「本心」之發用後，皆明、皆是也。

　　故筆者認爲象山談論中，頗有以「已經達到某種程度或境界上」來說的，而其弟子詢問象山爲何不著書時，象山之回答更顯自信：

> 或問：「先生何不著書？」對曰：「《六經》註我！我註《六經》？」〔註198〕

上述之論述前乃象山認爲，若本心之發而用於「所有事」，即便是「六經」亦僅是自身之註腳云爾。而此種說法，亦是從某境界上來說，頗有其早年「宇宙吾心」立論之氣象。

　　既然象山喜以境界談論爲學，當中之吾心發用可延伸至「所有事」且得當，因此其工夫即無所謂固定條目或次第可言。此外，他的談論似禪言語者亦有，而筆者嘗試以象山理論來加以解釋之，其云：

> 平生所說，未嘗有一說。〔註199〕

上述象山說其「未嘗說」，事實上乃指稱他立論之「本心」等語，事實上人人自有，不需要「說」即有，故「說」僅是指出人之「本有」，因此他認爲並沒有「多說出什麼內容出來」，在此脈絡下而說「未嘗有一說」。此外，若批評象山自傲、自悟者之談論，乃因其曾云：

〔註196〕《陸象山全集》〈語錄〉卷三十五，頁311。
〔註197〕《陸象山全集》〈語錄〉卷三十五，頁307。
〔註198〕《陸象山全集》〈語錄〉卷三十四，頁254。
〔註199〕《陸象山全集》〈語錄〉卷三十五，頁291。

　　自得、自成、自道，不倚師友載籍。〔註200〕

　　我無事時，只似一個全無知、無能底人，及事至方出來，又卻似個
　　無所不知、無所不能之人。〔註201〕

第一引文中，象山言若自得「本心」而成就之，自然得此聖人之道也，故不須依賴師友、書籍，來作爲「自得自成自道」之條件。由此可知，象山之言說有著刻意性，或許針對當時之人溺於書冊而忘本心之存、或許講論對象並非博學多聞者，而是對一般大眾所言之鼓勵性言語；此難以一一考證之。然而，若按照象山的思維路線，其說雖有爭議，然可不必然解讀爲「禪」矣。而後一引文亦可從象山以未發時本心尚未呈顯，則看似無知無能；但若皆能從本心之發用上來說，則「所有事」皆可應之得然也。

　　總括來說，象山除喜談境界之外，其言說中亦有著特殊的針對性或刻意性，但若說此即是「禪」亦非合理。因爲筆者觀象山批佛之語，事實上皆屬儒者闢佛的最常見立場，亦即是否可「治天下」或切用於人倫日用等方面來說，例如：

　　釋氏爲此一物，非他物故也；然吾儒不同。吾儒無不該備，無不管
　　攝。釋氏了此一身，皆無餘事。公私義利，於此而分矣。〔註202〕

上述，象山認爲佛氏之說頗爲「逃避」，僅欲了自身於解脫而其餘一切皆不管；而儒者卻使命感甚重，凡「事」皆備而無不管攝，並認爲此乃「公私」之分矣。此外，又云：

　　釋氏力教，本欲脫離生死，惟主於成其私耳；此其病根也。〔註203〕

上述補充說明了佛氏「自私」之內涵，乃欲求自身「脫離生死」，完全是自私考量，而此即是「病根」，或云「立教處」之不同；曾云：

　　諸子百家，説得世人之病好，只是他立處未是，佛、老亦然。〔註204〕

上述，象山認爲諸子百家包含佛、老，論說世人之「病處」皆有其得力處，但是「立教處」或云根本處錯誤者多，而佛、老亦是如此。

　　總括象山對佛氏之批評不論其合理與否，筆者認爲象山對於佛氏的批評與其他儒者的批評模式類同，故象山並非採取佛氏之理而說儒者之言，亦非

〔註200〕《陸象山全集》〈語錄〉卷三十五，頁294。
〔註201〕《陸象山全集》〈語錄〉卷三十五，頁297。
〔註202〕《陸象山全集》〈語錄〉卷三十五，頁311。
〔註203〕《陸象山全集》〈語錄〉卷三十四，頁255。
〔註204〕《陸象山全集》〈語錄〉卷三十五，頁296。

「陽儒陰釋」。若說象山之偏處，則可說其立教易簡，雖道出精要處卻圓融度較少，且喜談境界而鮮少教導爲學次第。

（二）象山思想的儒學特點總結

1、易簡工夫、精簡之語的儒學

象山之所以時常用精簡語句表達工夫、實踐等議題，是因他動輒以「本」來形述，故「立本」之後則工夫自然無一定之規則次第，甚至對於談論見聞或窮理細部條目者，頗少認同之。也因如此的傾向，他論述「工夫」亦自然從「本」或「立處」上說，故其立論精簡，論工夫亦易簡。

而象山的儒者涵義乃道出「心即理」之後，加以孟子「本心」之存爲首要工作，配合立志以鞏固此學之方向。然而，在他如此重視「本」的談論中，卻顯得排斥談論「末」的內涵。筆者認爲，儒者之爲學次第、讀書窮理之事即便一開始無此「本心」發端，但卻「不一定」是「枉費精神」。在窮理過程中，可有多種形式與機會得此「本」，因此「立本」並非僅在一開始即「立」才能說是唯一的正確方法。

2、喜談境界，立本即然

象山思想內容從境界上說者亦多，若不以其理論脈絡來解釋，則容易認爲其說過於「容易」或「虛幻」。觀其「宇宙吾心」、「豈有天理人欲之分」等諸述說，皆從境界上說者。而此種談論就筆者來說稍嫌過多，而且又不接納類似朱子對實踐層面的細部的談論；雖「立本」即是，但筆者認爲象山之論大體上確實如陽明所言，有其「粗」處。〔註205〕

〔註205〕《王陽明全集》〈語錄三〉卷三，頁92：「又問：『陸子之學何如？』先生曰：『濂溪、明道之後，還是象山，只是粗些……。然他心上用過功夫，與揣摹依仿，求之文義，自不同。但細看有粗處，用功久當見之。』」

第五章　朱、陸、王異同的判斷模式與 「工夫心」

　　此章則接續前章之談論，筆者認爲陽明所認定之「心與理一」述說來說「同」不夠精確，故此章欲解決如何說「同」之問題。討論的路線則是：第一節中敘說筆者自身的判斷方式——「工夫心」，詳細說明此種判斷方式的內涵與意義，並反省孔子立教之核心與「工夫心」之關聯，進而說明「工夫心」之判斷並非脫離孔子之教，依此進入第二節。第二節以「工夫心」爲判斷「同」之方式，並述說朱、陸、王三人之「工夫心」爲何。而後，敘述「工夫心」應是一種較合理的判斷方式，且可避免許多問題。依此脈絡來說朱、陸、王之「同」而弱化「異」，但不妄說「同」。

第一節　《定論》之歸結與「工夫心」的判斷方式

一、陽明所認同的「朱子晚年」與「定論」之眞相

（一）非僅晚年之論

　　筆者於第四章簡要述說朱子關於心性、工夫等思想，加上年代來處理、道出主要內涵之後，發現朱子早、中年亦有所謂「晚年」思想的部分內涵，而這些思想內容是無法忽略的事實；故朱子之「早、中」年亦有陽明所舉的《定論》內涵，僅是出現較少，而且系統上尚未建立清楚而已。

（二）陽明的學說內容非僅有此「定論」的內容

　　陽明之「定論」所舉者，筆者認爲並非僅朱子之「定論」，而是儒者之「共

論」。明顯的，朱子的確有此「定論」所指稱的內容，然而陽明所要的「定論」內容卻因為陽明在其他面向的論說中，往往超出此「定論」或「可求同」的談論內容，所以包括陽明自己或是後學者皆混淆了此「定論」而可求「同」的範圍。也就是說，此「定論」或是「可求同」的內容若對比於陽明其他的言語談論，例如「無善無惡心之體」，我們很難去說這也是朱子的「定論」或是「可求朱王同」，而調和者也無法道出此種論述如何「同於朱子」。而此亦可責怪陽明「含混地說朱子同於己」所造成的，然而筆者除歸咎陽明的說法不甚嚴格之外，亦得釐清此方面的細節問題；試述如下。

1、所舉之「定論」的內容是儒家的「共論」

筆者諸章論述中，一再強調《定論》所舉的內容僅是某些方向的論說而已，而朱子之思想「同」於「陽明」或「象山」之內容於《定論》中雖可見，然這些「同」若深探其義，乃儒者之共識也。因《定論》不外乎舉朱子對「涵養本源」、「本心」、「良心發現處」、「去支離」等說法；而這些內容若從理論上來直接判斷，則可「立即同意」是儒家之共識，不須陽明道出亦可知之。《定論》並非無可取，問題在於陽明以《定論》引朱子的「部分思想」來說「同於己」，而不說「朱子的部分同於部分的自己」，忽略自己與朱子其他層面論述的差異。

另方面朱子對《大學》的解讀，筆者曾於第二章談論時說明朱子頗重視《大學》之原意，故解讀《大學》則多按照「為學次第」之內容來談論，而較不添加自身的原創性解讀。但，儘管朱子如此貼近原意解讀《大學》，在他的個人談論之中，亦有傾向於陽明所謂的《大學》之意；此即，《大學》的為學次第是個參考，而非「必然如此的次第」，而陽明選擇「弱化次第」以「良知」貫串，認為任一個「為學次第」並非單一為學內涵。而朱子亦察覺到此，故他對次第之涵義多有補充。儘管朱子欲「貼近原意」而守《大學》文本之意，但於《大學》的一些補充說明中可知朱子對《大學》的為學次第有一些重要的延伸說明。

朱子關於《大學》的補充說明對筆者來說是相當重要的一個談論關鍵，其中包含朱子對《大學》的一些延伸論述例如「敬」之貫串，而且對於「八目」的內容並非以單一的次第來實踐，實踐時得「兼採」許多「條目」，而其中有著本章欲討論的「工夫心」線索。而關於朱子論述《大學》及其補充中之談論，筆者於第二節中談論朱子之「工夫心」時詳談之。

2、朱子亦非僅有陽明所框架的「定論」

朱子思想頗雜，陽明道出的「同」僅是重視本源、去支離等相關方向，而另方面關於朱子論述形上層面的「理氣」與諸多談論宇宙論、萬物生成等議題，則非陽明之《定論》所能論及者。而此類議題因非《定論》所列舉者，亦非筆者本文談論範圍，但卻是朱子思想中與陽明「非同」的論學旨趣也。

（三）《定論》無法「直接同」於陽明的某些立教特色

第四章筆者釐清陽明的儒家內涵，並點出他的儒學特色之後，認為陽明個人的立教核心，事實上與《定論》所舉的內容仍有差別。此筆者不贅述，因本文中曾談論「心理合一」以及陽明與朱子的思想衡定之後，則可知此差異性。而於此僅殊要指出，陽明雖以《定論》來說「朱子同於己」，但事實上卻無法立即相容於自己的所有思想內涵，也無法馬上連結至他受爭議的儒學特色中（例如：「無善無惡」、「知行合一」、「良知即天理」）；反而，在筆者為陽明歸結其儒家本位、儒學特色之後，僅能說陽明仍是「儒家立場」而有自身的創見處，因此陽明所舉之「朱子晚年」的談論內容，無法立即同於陽明的充滿特色的立教宗旨。

二、筆者的判斷方式與「工夫心」的內涵

筆者先稍微回顧朱陸異同爭論史中，各家對於此「同異」的判斷之方式，評價其中優劣之後再提出自身的判斷範圍。首先詳細討論孔、孟思想哪些是關於筆者所謂「工夫心」，並說明「工夫心」所涉及的範圍為何之後，歸結筆者以「工夫心」來判斷「同異」的優點與合理性。

（一）如何以「工夫心」作為判斷標準

論及「工夫心」之前，對於朱、陸、王三人的異同，為何以「工夫心」作為判準？此似乎排除其他判準？例如「性善論」並非筆者所要之判準，因為此「性善」本是共識，不需要再次說「同」，因此筆者選擇從「實踐層面」的細部內容來論說三人之「同」的可能；此即「工夫心」的論述。

筆者「工夫心」之說乃針對「工夫」與「心」二涵義而來，「朱、陸、王異同」的內涵，筆者已曾敘述某方面的「同」不在本文談論範圍內，而可求「同」者，在於三人論述「工夫」與「心性」之方面，若依筆者的用語，則僅是在「實踐層面」上所涉及的「心」；而此「實踐層面」必然涉及雙方的「工夫」與「心性」之論，但可排除純粹理論方面上的爭議。亦即，筆者不是從「心即理」、「性

即理」等這種大方向來求理論上的等同，也不是從「易簡工夫」或是重視「為學次第與否」等理論上來說「同異」，而是回歸儒者的「實踐層面」來作出是否有一重要的「同」之內涵可作為一判斷基準。至於朱、陸、王對於自身的立教、創發性的談論，甚至涉及形上旨趣與體驗者，則是他們的立論自由，若這些立論內涵不違背儒者價值，則仍在筆者的接受範圍內。因此筆者所談的判準，是在「儒者價值」的「實踐層面」來談「同」，並非理論上是否「同」的問題，也因此降低「心性理論」方面於本文中論述關切度。

而上述所謂「儒者價值」，於此暫時說為「成君子、聖賢」以求「家國天下之安定」為指標；欲求此「價值」實現，儒者以德性、實踐等方面來論述「如何可能」，因此包含著個人的修身、實踐等議題。筆者回歸孔子《論語》之論述時亦是以此為論述核心，因筆者觀孔子求此理想所作之努力，皆從人自身的「實踐」說起，故時時論及「君子」、「仁」、「孝」……等，而欲延伸至家國天下。

至於孟子，其對孔子所論述價值理想頗為尊崇，但不同的是孟子立論中的許多內容是將孔子的「如何做」轉向解釋為「為何能做」，而出現「理論上」的解釋以求完整。亦即，孔子論述求仁、行孝、作君子等，可在自我意識上要求，或配合心態上的側重即能獲得，並點出道德自覺在人，至於「人為何有德性行為的根基」或「道德自覺的根源為何」並無多談，故孔子沒有論「性善」之語，而以古聖賢、前人之德性實踐來作為模範。〔註1〕

但孟子欲點出人的內在層面即有德性根源，以四端論本心、以本心論性，更說「知性知天」，詳細回答「人」為何有此「行善能力」的「根源」於何處。此可看出孟子與孔子的差異性；此即，孔子不多作解釋「德性根源」的來源問題，而孟子則作出自身的理論性解釋。筆者之所以談論此差異點，在於道出孔子所認定的「價值」並不是去解釋「德性根源」或欲導出「性善」的「理論」，而是直接談論「如何實踐」以達理想的問題；孟子雖然同樣肯定「如何實踐」，但許多談論更是針對「德性根源」如何述說、如何解釋，並欲說服他者。因此，在後儒皆尊崇孔、孟之時，事實上其中的差異性反而是筆者所欲探討的價值核心的線索。

筆者點出孔子與孟子論述的差異，主要是欲突顯孔子論學的核心點於何

〔註1〕 筆者對孔子之論述內容則以《論語》為參考材料，至於《易傳》中的敘述雖有談論「性」與「天」等多層面論述，卻涉及《易傳》是否為孔子所作之問題，故筆者立場並非採用《易傳》等內容，而以《論語》之談論為主。

處，並非否定「性善論」的意義。延伸說，筆者認為儒者之共識應是如何「治國平天下」、「成君子、聖賢」，因此筆者認為並不需要以「是否接受」或「曾經論述」「性善」或「本心」來作為「是否為儒者」之判斷，因為孔子立教的方向與孟子論「性善」的內容並非等同，而是道出他所重視的「實踐層面」；相關之孔、孟思想內涵，筆者則簡要述如下。

1、孔、孟的核心價值及其差異

從《論語》可發現孔子對於「性」鮮少談論，他可能理解「性」或許刻意不談論而只說「性相近」，或許孔子個人不關心「性」這議題故僅說「性相近」，此有多種可能，但現存的資料中確定為孔子所說者，其中論「性」極少。但可以確定的是孔子注重「仁」，點出「道德自覺」、說「欲仁斯仁至」，並說明欲成仁、作君子的種種實踐內容，而此「實踐」即為成君子、聖賢的必要條件。筆者歸結孔子論述「實踐」時，認為兩種核心概念最為重要；此即「心態」、「意志」，此即筆者之「工夫心」內涵，且孟子談論中亦有此成分；試述如下。

（1）「心態」與「意志」的定義

筆者所謂「心態」乃指涉「某種態度」於「心上說」者，例如：「恭敬」、「無私」的這種「發心」，持續的發顯在內心中所維持的「心之狀態」，稱為「心態」。因此「恭敬之心」或凡可涉及「無私之心」之狀態者，皆屬筆者之「心態」陳述。另外，筆者並非談論「恭敬的心」、「無私的心」的「根源」為何，而直接陳述有這種「心的狀態」為孔子所重視，故以「心態」一詞稱之。

而「意志」則屬於「意念上」的「強制」或「要求」之作用，我們對於某種「道德自覺」的發用，「有時」必須依靠「強制」或「要求」而後有；例如面對「義利」之間的兩難，我們有時得放棄「利」而選擇「義」，而這樣的「放棄」有時需要強大的「強制」力量於內心方可作出「選擇」。而這種在「意念上」的「強制」雖然不是孟子說的那樣「自然」，但在實踐時卻時常需要如此操作，而此操作過程即「意志」與「主體性」密切相聯，乃「主體內心之主導」意義。而這種「意志」雖指涉「強制」，但一「主體性」的發顯而產生自我要求過程，以達到種種實踐之落實並非「都是以強制」的內容來行實踐之事，但此種「強制」有時之地位頗為重要。〔註2〕

〔註2〕　筆者認為此種「強制」或「要求」與孟子論性善根源發端而實踐並無衝突；若要談論此種「強制」或「要求」，筆者僅說此種「要求」或「強制」的這種來源是「道德自覺」。若說此「道德自覺」又來自「性」或「性善」則是孟子

也就是說，「意志」是屬於個人的自我要求，乃「主體性」的展現，且展現在「選擇」這一形態上，例如「選擇」一個「仁」或「好」的方向行事。當某人無法「那樣自然」的流露出「仁」或「義」的內心時，則「強制」的喚醒自我的「道德自覺」則屬必須之階段。至於「心態」則是形述實踐時，內心呈顯的「狀態」之偏向。以下即以《論語》的談論內涵，來說明「心態」與「意志」於《論語》中屬於何種方面的內容。

（2）《論語》強調「意志」方面的語句

子曰：「仁遠乎哉？我欲仁，斯仁至矣。」（《論語‧述而》）

子曰：「譬如爲山，未成一簣；止，吾止也！譬如平地，雖覆一簣；進，吾往也！」（《論語‧子罕》）

一日克己復禮，天下歸仁焉。爲仁由己，而由人乎哉？（《論語‧顏淵》）

上述，「意志」可展現在「欲仁」與「爲仁由己」這類行爲上；〔註3〕我們或許時常無法行「仁」，但是眞的「要作的話」可以透過自我要求，在意念上喚醒我們的道德自覺以偏向「仁」的這種方式處事、實踐。另方面，於爲學過程中的「進」與「止」，亦是在人身上所決定者，而這種「意念上」的「強制」或「自我要求」之過程是在自我意念上操作，即筆者所稱之「意志」。

（3）《論語》強調「心態」方面的語句

子曰：「今之孝者，是謂能養。至於犬馬，皆能有養；不敬，何以別

的談法，而非孔子。而且在「工夫心」範圍內，筆者不直接談論所謂「根源」問題，而僅就「作工夫時」的「意志」層面來說，且重視其中的「自我要求」甚至是「強制」層面的重要性。另方面，「強制」或「要求」僅是作工夫時的一個「可能的階段」，若可自然流露出所謂的如「仁心」，則不須有此種「強制」；若無，則偶須如此操作。再者，對於實踐的「持續」，亦「可能」得用此種「意志」方面的「強制」或「要求」來加以貫徹。也就是說，不論一開始的「道德自覺」還是已經實踐之後的「持續」，若可以「自然流露、行事」則不須所謂的「強制」或「要求」，但筆者認爲對許多實踐者來說，往往是需要此種「強制」或「要求」於實踐中的。

〔註3〕 上述所謂「欲仁斯仁至」，是否應是「某種自然流露」因此不需要所謂「意志」的層面？但筆者的意思是，既然有所謂的「欲仁」，則不管「欲仁」之後的流露是否自然或是勉強，在「欲仁」的這一當下必然是某種「意志上的自我要求」。即便最佳狀態即是不需要「欲仁」的過程便能展現「仁」，而孔子談「欲仁」則是透過某程度的自我要求甚至是意志上的操作內容而後的形述，其目的不一定是說「仁」都是自然流露，而是「欲仁」則可有之。

乎？」(《論語‧爲政》)

上述乃以「恭敬」來說孝順時的關鍵點；同樣的道德實踐，端看當時的「發心」或「心的狀態是什麼」。如果是「敷衍」、「勉強」的「心之狀態」或「發心」來行「孝順」之事，則非孔子承認的「孝順」，故「心態」乃涉及自身內心層面是否「無私」或「得當」的省思。

(4) 對聖賢、仁者的稱讚與「性善」無必然關係，而是他們的作為與
　　實踐

　　衛子去之；箕子爲之奴；比干諫而死。孔子曰：「殷有三仁焉！」(《論
　　語‧衛子》)

　　子曰：「太伯其可謂至德也已矣。三以天下讓，民無得而稱焉。」(《論
　　語‧泰伯》)

　　子曰：「大哉堯之爲君也，巍巍乎，唯天爲大，唯堯則之，蕩蕩乎，
　　民無能名焉。巍巍乎，其有成功也，煥乎，其有文章。」(《論語‧
　　泰伯》)

　　孔子曰：「才難，不其然乎，唐虞之際，於斯爲盛，有婦人焉，九人
　　而已。三分天下有其二，以服事殷，周之德，其可謂至德也已矣。」
　　(《論語‧泰伯》)

筆者認爲，若實踐時有所謂上述之「心態」與「意志」兩者之後，可說是一個成功的儒者，甚至是孔子推崇的「仁者」。因爲上述都是落實在「實踐上」而後被肯定，而與「性善」的關聯非必然。

(5) 為何人可以如此實踐成聖成賢？孔子沒有談論「根源」，還是談
　　論「實踐」

　　子曰：「我非生而知之者，好古，敏以求之者也。」(《論語‧述而》)

　　子曰：「有能一日用其力於仁矣乎？我未見力不足者。蓋有之矣，我
　　未之見也。」(《論語‧里仁》)

此處，孔子則點出「實踐」及其「持續」之重要性，關鍵仍在於「實踐與否」。而上述 (2) 至 (5)，乃筆者認爲孔子最關心的議題，亦即筆者所說孔子最重視的「實踐層面」，而上述那些論述似乎不需要「性善」論來保證其有效。

　　筆者並非說「性善」論述不重要，而是說孔子所點出的「實踐層面」是他最重要的論述點，而「實踐層面」中的「心態」與「意志」是更深層的關

鍵處。故筆者認爲不論孔子是否「理論完整」、是否解釋「心態」與「意志」
來自何方、是否解釋「道德根源來自何處」，他已點出儒者最關心的議題中如
「成君子、聖賢」、「齊家治國平天下」等方面「如何達成」，而「實踐時」應
注意什麼。

　　上述孔子之重視點，孟子除了贊同之外，更替孔子解釋了「『爲什麼』人
能夠『如此實踐』的問題」；例如「我欲仁，斯仁至矣」此句，筆者認同此種
「道德自覺」在於吾心上即可發顯，孔子之門人亦認同之，而孟子則進一步
解釋「爲何能如此」是因爲「仁本內在於『性』」，道出「道德自覺」除了在
心可展露，事實上早就內存於「性」中。從理論上說，筆者認爲孟子的論述
應屬「較完整」的「理論」，但卻存有爭議；〔註 4〕而孔子的論述並非「理論
上完整」，但已道出儒者應重視的價值，此即重視「心態」、「意志」之下的「德
性實踐」。而孟子的「性善」論述，則多解釋出「德性實踐即是，且德性『根
源』於『性』內。」

　　當代學者牟宗三先生曾注意到論孔、孟的細微差異處，但始終認爲這是
孟子將孔子之教談論至「超越本心」的內涵，故孔、孟即便有差異，卻僅是
在理論的完整上；其論述象山之語時云：

　　　象山云：「夫子以仁發明斯道，其言渾無罅縫。孟子十字打開，更無
　　　隱遁。」此四語最能道出孔孟之教之精髓；此超越之本心即仁心也。
〔註 5〕
上述牟先生引象山之語來贊同孟子將孔子之「仁」以「性」解之，並賦予「本
心」有著「超越義」之談法，且認爲孔子之教亦有此內涵。筆者認爲，孔子
是否有孟子論述「本心」或「性」等「超越義」是一回事，而孟子自身立論
成功與否是另一回事，象山贊成孟子對孔子之發明更是另一事，牟先生肯定
此種「心性」論述並賦予「超越義」更是其自身立場。筆者僅要述說孔、孟
論述的確有其「差異性」，但不是「衝突的差異」。即便如此，筆者仍要強調
在此「差異」的狀況下，無「性善論」的孔子所說的談論中哪些是儒者的共
識？此即從孔子側重「心態」與「意志」之後連結至下小節欲論述的：若單

〔註 4〕 此「爭議」即是「性善」本身是由「心」來論，將「道德自覺」的「心」歸
　　　　結於「性」上，而且全是「善」的層面；但此「根源」如何全是「善」？或
　　　　與「天」的關聯性爲何則無法明確證明之。
〔註 5〕 牟宗三：《從陸象山到劉蕺山》《牟宗三先生全集 8》，頁 69。

純從「實踐層面」上來說，仍可突顯儒者價值。

2、孔子與後儒關切的形上旨趣之落差

雖然筆者認爲《論語》中表達了孔子最關切的「道德自覺」與「實踐層面」二方面，但對於「天」的相關論述仍有，何以筆者仍認爲孔子對形上層面的關切不大？此些「論天」內容爲何不代表孔子對「天人關係」或是形上層面有所興趣？茲述如下。

（1）《論語》中有關「天」的內涵

《論語》中直接出現「天」論述者有十三則，此外亦有「天命」或「命」、「生」等談論內容。這些談論在筆者的思維脈絡下，認爲與孔子最重視的「德性」與「實踐」層面乃「輔助效用」較大，並非以「天」之形上旨趣來談論「德性根源」，此觀《論語》中一再強調「人自身」的「實踐層面」之重要性即可見之；試述如下：

A、「天」或「命」所含的「不確定因素」

孔子論述「天」時，若以較常談論的內涵來說，即屬「自然意義」的「天」，或是有「主宰意義」的「天」。但筆者認爲孔子非以嚴格之定義來說「天」，即使孔子論「天」時的涵義雖有多項指涉，但並非對「天」或「天命」作出明確的定義；諸如：

> 子曰：「予欲無言！」子貢曰：「子如不言，則小子何述焉？」子曰：
> 「天何言哉！四時行焉，百物生焉；天何言哉？」（《論語・陽貨》）

上述乃孔子以「天何言哉」回答「無言」之相關論述；對於「天」的形述，孔子認爲是「如此自然」而不須「多說」的，故此「天」之意義，則屬所謂「自然意義的天」。另外，對於某種無可奈何之事孔子雖然接受，但又談及「天」時似乎有某種「主宰義」；如：

> 顏淵死，子曰：「噫！天喪予！天喪予！」（《論語・先進》）

上述之文或以「主宰意義」來解釋「天」，但筆者並非認爲孔子的意思是因感慨顏淵死，而說「天要亡我（孔子自己）」，否則「天」的「主宰意義」過於強烈而偏向宿命論。筆者認爲此句應是孔子對「顏淵之死」與自己之命運頗有感慨，因如此德性之人早死而無法與孔子一同淑世；孔子自無法說明清楚這樣的命運，而感性的將顏淵之「死」延伸說爲「天要亡我」。筆者的意思是，即便論說「天喪予」，並非一定要以「主宰義強烈」的意義來解釋「天」，因爲筆者認爲這是孔子「因顏淵死」這樣的師徒命運之後的抒發語或感嘆成分

居多；以下即解釋之。

筆者首先以有強烈意義成分，且涉及「主宰義」的「天」之論述加以反省：

> 獲罪於天，無所禱也。（《論語・八佾》）

上述，「天」乃象徵某種規範意義，故違背此則無所禱也。但筆者認為從孔子論述的一貫價值層面來看，獲罪於「天」必是有「悖德」、「行惡」等諸事，故以「天」的崇高性來突顯「悖德」、「行惡」諸事之「害」且「無所禱」。因此說「天」的「主宰意義」強烈，不如說因「重德」在前，而以「天」作為輔助性的加強效果；此外，孔子又云：

> 死生有命，富貴在天。（《論語・顏淵》）

「死生」難以明確說之，故有其「某種不確定性」而「無法掌握」，例如前文所述之顏淵德性出眾卻早死，令孔子頗有感慨而說「天要亡我」，此乃「難以說出原因」而有「未知」之成分，故「死生有『命』」不必然是說「命定」，而可能是說「不確定因素」確實存在，即孔子以「命」述說此種「無法掌握」的狀態。而「富貴在天」亦可以是如此模式的說法；「富貴」之達成亦有「某種不確定性」，並非努力者必「富貴」，其中或有「運氣」或其他「不確定因素」成分者。而將其中的「不確定因素」以「命」或「天」說之，並非說這就是「命」或「天」所「決定」或「掌握」，而僅能說「這種無法掌握」的因素是屬於「命」或「天」的層次內涵。因此筆者認為將此種「不確定因素」歸屬於「天」或「命」是一回事，是否真的是「天」或「命」來「決定」是另一回事。這種對「不確定因素」類似「逆來順受」的風範，亦見於《論語》中其他談論：

> 道之將行也與？命也；道之將廢也與？命也；公伯寮其如命何！（《論語・憲問》）

> 子謂顏淵曰：「用之則行，舍之則藏，惟我與爾有是夫。」（《論語・述而》）

> 「不怨天，不尤人；下學而上達。知我者，其天乎！」（《論語・憲問》）

> 子曰：「不知命，無以為君子也。」（《論語・堯曰》）

上述，孔子所強調的是某種無法解釋「為何會如此之時」，或是遭受逆境時所採取的面對態度；孔子對顏淵之死延伸以「天喪予」之感慨論說，表達出無怪罪而僅能接受之意。如此對「生死」之重大事件都能以「無怨」面對之，

故上所論之「道之行否」、被「用」與否，則亦能隨順之；而「不怨天」亦是這種態度的面對，而此種態度應是相當重要，故最後云「不知命」則無以爲「君子」。

總括上述，筆者並非一一分析「天」之意涵，而是從孔子論述有關「某種難以面對」的情況時所採取的一種態度，即對於「天」或「命」的安適態度；而一般人卻往往易責怪他者，包括上述的「怨天尤人」之情況，因此孔子認爲對於某種「無法掌握」之「情況」時，將其中的「不確定因素」訴諸「命」或「天」所涵括，並作爲感慨抒發對象，故遂有「知我者，其天乎」之語。

而前文之「獲罪於天，無所禱也」，筆者認爲與其說是「主宰意義」，不如說是「輔助意義」所呈顯的「加強效果」，何故？在筆者上述諸論之後，即初步排除孔子以強烈的「主宰義」解釋「天」之後；另方面筆者認爲古人尊天之說故有之，其中除了對「不確定因素」的敬畏之外，亦有純粹尊崇的成分；孔子亦云：

> 子曰：「大哉堯之爲君也，巍巍乎，唯天爲大，唯堯則之，蕩蕩乎，
> 民無能名焉……。」（《論語・泰伯》）

上述，以「天」爲大，乃古人對「天」之尊崇，而後稱讚堯如「天」之云者；若對「天」有著「不確定因素」而產生「敬畏」，又有上述之「純粹尊崇」的「天」，因此筆者認爲「獲罪於『天』」者，可加強言說效果，甚至說「無所禱也」。

總括來說，孔子論「天」雖有著尊崇、敬畏等涵義涉入，但往往是因德性與實踐的層面考量在前，故產生立教的輔助性效果，又或是純粹感嘆式言語，並非針對「天」作出系統化陳述。論述「命」時，則對其中的「不確定成分」延伸出某種更重要的面對態度，將「命」的談論導引至某種修養或接受的方向；此即下文之述。

B、「天命」中的「命令性意義」

上述，筆者談論孔子論述「天」或「命」的「不確定因素」成分之後，筆者發現孔子談論「天命」之時，則「非」屬此種「不確定因素」內涵；其云：

> 孔子曰：「君子有三畏：畏天命，畏大人，畏聖人之言。」（《論語・季氏》）

上述，言「畏天命」實難說出「天命」的明確內容究竟是「天之命」還是「天」與「命」之合稱。但若以上小節談論「天」或「命」的內容，來解釋孔子說

出「畏」是因為需要保持著類似「敬畏」的態度面對「天」、「命」的這種「無法確定」等內涵，如此則較難解釋孔子述說君子畏「天命」的實際內容。故筆者認為若以類似「使命」的方向來解釋，較為可通；而此「天命」乃指涉吾人自身認為上天所賦予之使命云爾，而此意義則類似勞思光先生所言之天之「命令義」：

> 此種「命」觀念，以意志性為基本內容。無論就人或天而言「命令」
> 時，皆常假定一意志要求。故「命令義」之「命」，在古代資料中，
> 大半與「人格天」觀念相連……。〔註6〕

上述乃勞思光先生針對「人格天」的觀念中，談論「命」之概念；若就筆者觀點而言，此種「尊天」甚至有著「人格天」的主宰內涵所說之「天命」，因此有著強烈的「命令義」。但筆者上文曾論述，孔子對「天」之論述雖有所謂「主宰意義」之可能，但應屬「輔助性」效果為多；因此筆者則取勞先生所言之「意志性內容」來說此種「天命」意義。

亦即，不論孔子論「天命」的「確定內涵」為何，從他的立教方向來看，應屬「天」之「命令義」加上「意志性」勸發，此端看人是否接受此種「天之命令」而轉為「使命」義涵而自我要求、貫徹之；也因此，孔子談論「天命」時，總認為「知」此「天命」則是，又如：

> 小人不知天命而不畏也……。（《論語·季氏》）

上述則表明「天命」是可「知」，故有某種「可知」成分，若配合前述之「意志性」自我要求，則屬類似「使命」之觀念，且與「天」有著關聯。孔子以「天命」稱之，可謂賦予此種「使命」連結至「天」的崇高性意義，因此「天命」對人而言是相當重要的，故說「小人不知天命而不畏」。此外，孔子曾云：

> 子曰：「吾十有五而志於學……。四十而不惑，五十而知天命……。」
> （《論語·為政》）

上述，孔子道出其「五十歲時知道天命」，應不是表達他知道關於「天」或「命」其中的「不確定因素」或知曉「無法掌握」的神秘內涵，因此僅能就「使命」或「義務」等「意志上要求」來解讀此「天命」之意義，並賦予此「使命」有著崇高性。此外，孔子「四十而不惑」而「五十知天命」，可見「不惑」之時並非涵蓋「知天命」之內容，故此應可推導「知天命」的內涵應屬「意志

〔註6〕 勞思光：《新編中國哲學史（一）》（臺北：三民書局，民國82年10月增訂七版），頁97～98。

上」的要求上來說，而不是「知曉『天命』的確定意義」上來說；也就是孔子五十歲時，方能夠「接受」自身認定的「天命」要求，以在意志上求自身使命之完成。

上述諸說，筆者認為即便孔子論「天」或「命」、「天命」者，並非強調其中的主宰意義或形上意義。除了對「天」的一貫崇敬之外，其中包含對「天」或「命」的「不確定因素」採取「接受」或「面對」的這種人生態度。另方面，若論及「天命」，亦採取「接受」並內含某種「意志性」的自我要求。

延伸來說，筆者認為對「天」或「命」或是「天命」等相關論述，亦可導出「某種態度」之重要，以及「某種意志」之要求，而此種「態度」或「意志要求」孔子更視為「成君子」之必要條件。其中包含對於「不確定因素」而可「接受」的這種「態度」或「修養」，以及對「使命」等「意志性」的自我要求。筆者認為這樣的談論內容反而是孔子論述「天」、「命」或「天命」的要點，而且與他所關切的「實踐層面」涉及的「心態」與「意志」亦有相涉，因此非針對形上層次的理論關切。

但孔子對「生」與「德」的關係亦有論述，則屬特例，但其中的論述成分亦非如孟子之「性善」那樣強烈，下小節即述。

（3）「隱晦的」表示「生」與「德」的相連

「生」之意義在古代的使用上，本義是指「生長」，且與「性」有時可通用；張炳陽先生對語意上的探究中曾云：

> 「生」即「自然」、「本性」（nature）在先秦思想裡，經常將生來定義性，如告子的「生之謂性」；孔子的「性相近」其實也只是說「生相近」，亦即出生時的聰明才智相近；荀子的「人之性惡，其善者偽也」也只是說人出生時所具有的動物性。這些都是重在生的進行義，換言之，性如果與生通假時，也都表達了生的語意；反之亦然，如果生與性通假時，也表達了性的語意……。〔註7〕

上述，張先生所言針對「生」之意涵與「性」重疊處作出說明，並道出先秦諸說關乎「性」的談論，事實上是從「生」的內涵得來；故說：

> 我們除了知道「性」的語意與「生」有關聯之外（即我們認為兩字的語意同中有異，或異中有同），我們也知道在文字的孳生過程中，

〔註7〕 張炳陽：《從自然到自由──以《莊子‧養生主》為核心的考察》，（台中縣：明目文化，民國92年3月初版一刷），頁57～58。

當「生」以蘊含有「性」的語義時，根據一義一字的原則，「性」很容易依據「生」被創造出來，在「生」含有「性」的語意而尚未產生「性」一字時，「生」這個符號負載著「生」固有的諸種語意，而且也負載將來可能產生的「性」這個符號的語意……。〔註8〕

筆者認為上述張先生之說相當合理，故面對孔子論「性」或論「生」之相關談論時，筆者皆以多種可能的方式來看待，亦不排除孔子可能僅是單純論「生」的意義較多。另方面，《論語》出現論「生」或「性」皆有；雖然論「性」時僅有一句：

　　　子曰：「性相近也，習相遠也。」（《論語・陽貨》）

上述，筆者認為若以「生」解之亦可通，也不必涉入後儒因為肯定孟子「性善」論之後，加上所謂「天地之性」、「氣質之性」來說孔子此說是專指「氣質之性」或是「兼氣質」來說，〔註9〕因筆者認為單純的講「生」也許就是孔子的原意。但另方面，若考量《論語》曾經出現過「生」與「性」兩字，則「生」與「性」應有不同的表義作用，故上述之「性」亦有可能不專就「生」來講，而是論述「生」無法囊括意義中的「性」。另方面子貢曾說：「夫子之言性與天道，不可得而聞也。」（《論語・公冶長》）此句即道出當時有論「性」之現象，只是孔子較少談論，甚至子貢都不曾親聞。於此可知當時談論「性」與「生」應有兩種涵義之分，且其他人士似乎時常討論，或是「性」已經有異於「生」字可表達者，而無法直接替換。此情況於先秦典籍中頗多，得視

〔註8〕《從自然到自由——以《莊子・養生主》為核心的考察》，頁58～59。另方面，就論「性」為「生」涵義且主張較全面者，如傅斯年先生之《性命古訓辨證》一書，將孔、孟等多人論述「性」皆視為「生」字。事實上此說頗有爭議，筆者並非採取此立場；傅先生道出「生」與「性」於先秦時的密切關聯，卻忽略「性」字的發展意義而有別於「生」字在先秦時期已經萌芽。

〔註9〕例如《二程全書》〈遺書十九・伊川先生語五〉，頁5云：「性出於天，才出於氣，氣清則才清，氣濁則才濁……。才則有善與不善，性則無不善。」同上，頁5：「性相近也，此言所稟之性，不是言性之本。孟子所言，便正言性之本。」而《朱子語類》〈性理一・人物之性氣質之性〉卷四，頁68云：「孔子曰：『性相近也』，兼氣質而言。」同上，頁69：「問：『孟子言「性善」，伊川謂是「極本窮原之性」；孔子言「性相近」，伊川謂是「氣質之性」；固已曉然。《中庸》所謂「天命之謂性」，不知是極本窮原之性，是氣質之性？』曰：『性也只是一般。天之所命，何嘗有異？正緣氣質不同，便有不相似處，故孔子謂之「相近」。孟子恐人謂性元來不相似，遂於氣質內挑出天之所命者說與人，道性無有不善，即子思所謂「天命之謂性」也。』」

其文義方可知「生」是否僅有「生」義而無其他內涵、論「性」是否有從「生」轉出的其他涵義。

　　故不論是「性相近」是否指爲「生相近」,「性與天道」是否指爲「生與天道」,筆者認爲這些內涵至少都得排除某種「確定」。也就是說,孔子當時談論「性」的涵義可能僅有「生」義,亦可能是兼有「生」義而包含其他意義;同樣的,論述「生」義可能僅是表達「生」義,亦可能兼有某種「性」義。而這些都是無法確定的內容;要之,得視上下文來推敲。

　　而孔子論「生」與「性」字的談論,當代學者討論甚多,亦未有共識定見;但可以確定的是,孟子時期對於「性」的談論已經有他自身對「性」的解讀內容且非「生」所能表達者,並發展出他的「性善論述」。而這樣的發展,是否可上溯至孔子,便說「孔子論性,亦同於孟子論性之內涵」而「只是未說」?事實上此點無法證明,但筆者認爲不應妄下定論說孔子論「性」或論述「有關性」者,皆屬孟子形式的「性善論」思維。

　　對於孔子談論「性」雖只得上述「性相近」一句,且宋明諸儒多從「氣質之性」或「兼氣質」解之,此乃儒家自身理論系統上的解釋。然筆者僅透過孔子立論的範圍來談論,若說「性」與「生」相關者,則孔子談論「生」亦可作爲論「性」之參考;但筆者仍堅守自身立場,認爲「論生」不一定是「論性」,尤其是後儒添加孟子涵義之後的「性」意義。而《論語》中「生」與「天」曾緊密相連,而卻無「性」與「天」相連談論;而類似解釋孟子「性善論」或說「德性根源」者,僅有下一例:

　　　子曰:「天生德於予,桓魋其如予何?」(《論語・述而》)

上述之「天生德」,而此「生」與「德」爲何仍有待商榷,因孔子談論「生」時亦有云:

　　　子曰:「人之生也直,罔之生也幸而免。」(《論語・雍也》)

上述兩引文所論之「生」,一者爲「德」,一者爲「直」;究竟「生」時是「德」或「直」?還是說「生時是直」,而且「天生德」?不論何解,總難一致;筆者暫歸此問題爲此順序;一是:「天生德」的內容爲何?二是:「人之生也直」是否有「德」之內涵?

　　觀「天生德於予」此句,事實上若眞按照字面解釋,其語譯來說頗爲不通,因孔子之「德」應非「生」而有,而是他的努力成果,故此句僅能解爲孔子自謙之詞;將自己的「德性彰顯」自謙解爲「天」賦予他的能力。不如

此解讀，則會變成：「天賦予我如此德性……」的說法，則易與孔子的立論與教旨多有衝突，因人並非「生來就如此有德性」。

另外，若解爲「天賦與我德性的根源」，偏向所謂「性善」的論述內涵解釋，則更加不通矣；若僅是論述「德性根源」，那麼有此「德性根源」如何可以說「桓魋其如予何」？故總括來說，孔子應是強調「德性」「彰顯」之重要性，即便面對惡人之迫害亦無所畏懼，故此句應非可作爲孔子論述「生」或「性」與「德」之重要參考文獻。

而後引文則屬較寬泛的談論，以「人之生也直」非言「予之生也直」，則表示此句乃就「所有人」而論，並非上句「天生德於予」針對「孔子自己」來說。從「天生德」此句來看，筆者已解爲孔子自謙之詞而強調德性彰顯而無所懼，而此處之「直」則屬孔子對「人生來可能如何」的一種評論；故「直」的意義則須探究之。

孔子論「直」意義，有些是可以「較確定」其涵義的，而其中可能指涉「不枉」、「不隱」、「不詐」、「平正」等意義。〔註10〕而「較難以確定」的「直」，依筆者之見則屬「涉入情感意識」層面較多者，且涉及之前談論的「心態」，例如：

> 葉公語孔子曰：「吾黨有直躬者：其父攘羊而子證之。」孔子曰：「吾黨之直者異於是：父爲子隱，子爲父隱，直在其中矣。」（《論語・子路》）

上述，孔子並無直接反對「子證之」之「直」，但特別說明「直」的面向不僅是擇善固執、毫無人情之「直」。「子爲父隱」表達出孩子對父親犯錯的隱瞞，應出於親情考量與孝順之心，其中的「心態」是「孝心」且如此自然流露，故以孔子亦「直」論之。可見孔子認爲當「情」與「理」衝突時，擇「情」而「隱」亦屬「直」，無論及其中對錯。

因此，「直」除了確定意義中所代表的「平正」、「不枉」等意義，面臨某種抉擇時，因正面情感所作出的判斷，亦屬「直」的內涵。而這種「直」則重視正面意義的情感（例如孝順、不忍）之發心於內，故無一定的外在表現模式。因此面對「以德報怨」之談論時，孔子云：

〔註10〕林義正：《孔子學說探微》，（台北：東大圖書，民國76年9月），頁136～138談論此議題時，引《禮記》、《管子》、《中庸》及《論語》其他篇章，來論說「直」的涵義有「不枉」、「不隱」、「不詐」、「平正」之意。

或曰：「以德報怨，何如？」子曰：「何以報德？以直報怨，以德報
德。」（《論語・憲問》）

上述，孔子不強調對於「怨」必以「德」報之，而以「直」這種公正，或是
涉入正面情感意義的「直」來作出回應即可。

回歸孔子論「人之生也直」，按照筆者的脈絡來述說，此「直」雖有「平
正」之意義，但或許有涉入「情感」意義，至於其中的「情感意義」有多強，
或是此「情感意義」內含的「道德情感」有多少，則難以說明清晰。

總括來說，孔子論「生」與「德」是否有連結，筆者認為僅能得到「隱
晦的」述說，「生而如何」很難在孔子的論述中得到明確的答案。若配合孔子
不刻意論「性」、不論「性與天道」、不詳論「天人關係」，則可知在孔子思維
之中，並非強調這些內容。

（4）宋儒視《易傳》為孔子所作之延伸問題

上述筆者從《論語》中談論孔子並無論述「天人」或是「天」、「性」這些
內涵的確定義，欲論說孔子對形上旨趣的關切度是相當低的。另方面，《易傳》
舊說為孔子所作，其內涵除有筆者所謂之「形上旨趣」，更多有論述天人、陰陽
之語，亦有黃老道家、陰陽家思想混雜其中。此《易傳》就當今學者之考，應
非孔子之作為是；〔註11〕然宋明儒者多篤信《易傳》為孔子之作，且兼談之。

關於此《易傳》作者問題筆者並非欲於本文中澄清，但筆者僅要說出，
宋儒如朱子肯定孔子作《易傳》，事實上對朱子而言是有相當影響的。若《易
傳》確定非孔子所作，則朱子對《易傳》、《中庸》等諸經中的形上關切層面，
可能有相當大的減低作用。筆者認為朱子認定儒學中必有形上旨趣層面，故
除以孟子性善論解釋孔子之說，更認為孔子亦談天人、論陰陽；如此，則與
筆者所理解之孔子論述核心較遠矣。

也因朱子對孔子之形上旨趣認同，因此在其語錄或著作中，多有迂迴之解
釋，包括《論語》為何不叫人讀《易》，《論語》中僅有「性相近」而《易傳》
中卻明確談論「性」與「善」，而且至孟子方有「性善」的詳細論述等諸多疑慮。
〔註12〕但筆者並非以今非古，而是認為《論語》為孔子論述的最可靠材料，其

〔註11〕筆者並非於本文處理《易傳》是否為孔子所作之問題，就筆者自身立場而言，
　　　　認為孔子並無作《易傳》。個人立場乃同意何澤恆先生：〈孔子與易傳相關問
　　　　題覆議〉《臺大中文學報》，（第十二期，2000 年 5 月），頁 5～55 一文中的精
　　　　要論述。

〔註12〕此種疑問朱子之弟子曾詢問之，例如《朱子語類》〈性理一・人物之性氣質之

中談論的「道德自覺」與「實踐層面」事實上對儒者來說應已足夠，是否「系統化」甚至加入「形上層面」的理論納入，則屬後來的發展。然而，筆者認爲「朱陸相異」的根源又與此「形上層面」有關，故筆者再次深思之後，認爲找尋一個「非形上旨趣之關切」的要點，作爲求「同」的內容應屬可行之路，而此即回歸「實踐層面」的細節上來論述「同」；下小段即述。

3、回歸儒者價值，若僅有「實踐層面」是否可能

「實踐層面」乃針對「價值目標」而有，既然儒者欲求家國天下之安定，故從自身做起以求此理想之實現；如此，單論孔子之「道德自覺」或「實踐層面」兩方面的論述是否足夠？筆者認爲，此非「足夠」或「不足夠」的問題，而是孔子到底重視什麼；顏子被孔子稱讚，並等同於孔子「理論上說得好」所影響，且早在孔子之前，亦有孔子所推崇之聖賢，他們皆無「性善」論述，如何實踐？

當然筆者並非強調「資質」之問題，而是「性善論述」被後儒視爲孟子的最大貢獻之一，將儒家思想初步的完整化，點出爲何「有此道德自覺」、「道德自覺之根源」於何處。但不論是朱子或是象山、陽明，皆接受孔、孟之論述，故「性善」論述並非他們「同異」的爭論點，因爲他們也亦以「性善論」的思維來解讀孔子、作爲實踐基礎。但筆者認爲，若僅以孔子之最關切的「道德自覺」、「實踐層面」來看，是否仍有作爲朱、陸、王等人「同」的歸結點？

因此筆者所探究的內涵中，並非調和陽明的「心即理」如何同於朱子之「性即理」，而是單從實踐上說時、作工夫時，雙方皆有孔子所側重之「道德自覺」與「實踐層面」的內涵。此外，筆者雖以「實踐層面」來論述儒者價值，但論及朱、陸、王三人的「實踐」時，必然與「工夫」與「心性」諸論有關聯，故談此「實踐層面」已能兼談「工夫」與「本源」的關聯狀態。最後，爲何「實踐層面」可作爲本文此章的判準？茲述如下：

（1）朱、陸、王的實踐層面，最切重儒者本來的價值

所謂「本來的價值」，乃以孔、孟皆重視「實踐層面」來說的。朱、陸、王三人皆同意孔、孟對「實踐層面」的論述，也贊同「實踐層面」的重要性；

性）卷四，頁 69～70：「問：『孔子已說：「繼之者善，成之者性」，如何人尚未知性？到孟子方才說出，到周先生方說得盡？』曰：『孔子說得細膩，說不曾了。孟子說得麤，說得疏略。孟子不曾推原原頭，不曾說上面一截，只是說「成之者性」也。』」

故此爲判準的第一個原因。

（2）僅有「實踐層面」的聖人，亦為朱、陸、王三人認同

在尚未出現「性善論」、「性即理」、「心即理」時的「儒家聖賢」們，如文、武甚至更早期之上古人物堯、舜、禹，皆以德行實踐或兼治國平天下之舉而爲後儒推崇樂道之。而這些事實，後儒們或許亦用「復性」等語辭形述諸聖賢，但此是理論上的解釋問題，事實上之所以「肯定」諸聖賢，且確定符合事實者，仍是他們的「實踐層面」被肯定。

（二）另一個「同」的範疇之追尋──「心態與意志」即「工夫心」

若就「實踐層面」來說，筆者前文曾歸結孔子強調「意志」與「心態」兩方面的實踐，而後人所稱的「道德自覺」或云「主體性」皆在其中。而「心態」與「意志」若就實際實踐來說，則屬關鍵意義；亦即，筆者認爲在儒者承認或認爲有意義的實踐，其中必含有「心態」與「意志」至少一個層面的強調。

筆者既然以孔子談論的「道德自覺」與「實踐層面」來說此是儒者最重視的價值得以實現的關鍵，則關乎「心態」與「意志」的「工夫心」是否涉及「道德自覺」？筆者之「工夫心」是從「實踐上」說，故涉及「實踐層面」自不待言；而「道德自覺」如「我欲仁斯仁至」這種將「道德自覺」說在「吾心」上，就筆者而言即是所謂主體之「意志」上說者，故「工夫心」所涉及的「意志」層面，即孔子所點出的「道德自覺可求之」的這個層面。

上述筆者僅要強調「工夫心」是歸結孔子談論重點的新詞彙，而爲何使用此「新詞」而不使用「道德自覺」？因「工夫心」乃就「實踐層面上說」，並無直接涉及「道德自覺」的「根源」問題，但某人若要以「某根源」來形述此「道德自覺」，則屬個人理論上之事。此即後儒往往將孔子所說的「仁」從乃心上說，依此同於孟子之「本心」甚至是「性善」等論述；但在筆者認爲若要更靠近孔子原意，僅就「工夫」上說其中之「心態」與「意志」即可，而不需要在「根源」的探究上下工夫。

而上述之「根源探究」若談及朱子、象山、陽明等人，其實是一致卻各有立場。朱子所立之「本源」（即根源）時雖承認孟子之「性善」、「本心」，而這也是象山、陽明所認同的「本源」，但朱子又關切形上層面的「理」概念，並與天人關係作出連結而談論之，而這些「形上層面的關切」就筆者而言，乃因爲關切這種「根源」而後方有，而象山、陽明亦然。雖然象山、陽明相較於朱子較少關切形上層面之「理」，但他們的「心」亦可包含某種形上之理，

但論述時仍較關切人論日用方面,而較少談論形上獨存方面之「理」。

另方面,象山、陽明對於「境界」之描述亦頗有抽象成分,例如象山的「宇宙吾心」之說、陽明的「無善無惡」之說,這些都涉及對「根源」或某境界的探究或形述而產生。而朱、陸、王三人的差異性,則往往在此「形上旨趣」方面更顯不同。因此筆者除了以「工夫心」回歸孔子原意之外,另一用意是認爲排除這些「根源探究」中所涉及的「形上旨趣」,可避免一些延伸問題;而牟宗三先生曾說:

> 朱子的形上學思辨趣味濃……。其實,就儒家的道德意識講,儒家原初根本沒有泛存有論的問題,儒家講仁、義都是道德意識……。從這個方面講,陸王是儒學的正宗,陸王保存道德意識……。朱夫子光講「性即理」,從來不說「心即理」,可見朱夫子思想完全接不上孟子,完全不能理解孟子……。〔註13〕

上述,筆者贊同牟先生所言之「朱子的形上學思辨趣味濃」,故喜好談論形上層面之理,且欲建立一個理論系統。至於這是否爲「儒家正宗」,筆者認爲自有「離」孔、孟之處,但是否因爲朱子說「性即理」而不談論「心即理」即接不上孟子,則可再商議之。此外,牟先生又云:

> 孔子踐仁知天,未說仁與天合一或爲一,但依宋、明儒,其共同傾向則認爲仁之內容的意義(intensional meaning)與天之內容的意義到最後完全合一,或即是一。〔註14〕

> 孟子言盡心知性知天,心性是一,但未明顯地表示心性與天是一。宋、明儒的共同傾向則認爲心性天是一。〔註15〕

上述,牟先生注意到孔子、孟子論述「天」與後儒(宋、明諸儒)的差異性,筆者認爲牟先生所說極是,此乃後儒對形上旨趣的關切所導致的某種「合一」論述。而此種關切是否因視《易傳》、《中庸》等作品爲孔子所作而定爲儒家精要觀念亦有不少關聯。另方面,在這種「關切」之下,朱子更發展出自身的完整論述體系,牟先生將朱子整合定爲「橫攝系統」,而以「理氣」之豐富涵義來說明「不離不雜」之關係。〔註16〕而勞先生曾云:

〔註13〕 牟宗三:《宋明儒學的問題與發展》(臺北:聯經出版社,2003年7月初版),頁205。
〔註14〕 《心體與性體(一)》《牟宗三先生全集5》,頁19。
〔註15〕 《心體與性體(一)》《牟宗三先生全集5》,頁19。
〔註16〕 牟宗三:《心體與性體(三)》(臺北:正中書局,民國79年初版),頁292。

中國先秦孔孟之學，原不見有形上學及宇宙論旨趣。而孔子之言
「仁」，孟子之言「性善」，皆偏於「主體」一面；故若就孔孟本旨
而論，則孔孟之學可看作「心性論」，與「形上學」、「宇宙論」形態
不同。倘發展孔孟之學，則當以「主體性」為中心，建立一全面系
統，以解答或處理通常出自形上學思考中之問題，而不當變往一強
調「客體實有」之形上學系統。此變始自《易傳》、《中庸》而完成
於朱熹之手……。〔註17〕

上述，勞先生認為「主體性」之強調才是孔、孟的論述核心，至於強調「客
體實有」之形上學系統，乃自《易傳》、《中庸》之影響逐漸發展而成，且成
於朱子。筆者頗贊同此脈絡之敘述；若回到筆者立場，仍屬「對形上旨趣」
這一關切點上的問題。另方面，針對「朱陸異同」問題時，勞先生亦云：

朱陸之爭，是兩種哲學理論之衝突。更詳言之，則是「立客體實有」
與「立主體實有」兩種不同哲學型態之衝突……。世論多以為朱陸
之工夫理論不同，為基本歧異所在；實則工夫理論之所以不同，正
因雙方對「心」之取「經驗義」或「超驗義」有基本態度之不同。
陸氏之肯定「超驗義」之「心」，不唯與朱氏立場不同，與濂溪以來
宋儒學說皆不同……。〔註18〕

此處，勞先生將朱陸問題的「根源」歸結為形上旨趣的立論，其中陸、王的
形上旨趣亦有，但相較於朱子則仍有其差距。至於勞先生所舉之「心」取「超
驗義」還是「經驗義」亦有其解說效果，但筆者方式仍是排除「形上旨趣」
的內容來談論「朱陸異同」，亦即從工夫、實踐層面來談論「同異問題」。此
外，筆者認為在「經驗義」的範圍內，朱、陸對「心理」的界定亦不同，此
點於筆者前章談論陽明之「什麼樣的理才有意義」時即有所論之。

　　總括來說，筆者歸結與本章中探討之相關者有二；一是「形上層面」的
談論於宋明諸儒中，的確是被顯著地談論。二是，關於「形上層面」的談論，
若勞先生所謂「客體實有」或「主體實有」於朱、陸之說法為正確，但亦非
適用筆者所欲談論的焦點——「工夫心」上，因為「工夫心」內涵不涉及談
論「主體實有」或「客體實有」。若說筆者有與勞先生、牟先生同者，則在某
範圍內；牟先生曾言：

〔註17〕　《新編中國哲學史（三上）》，頁358。
〔註18〕　《新編中國哲學史（三上）》，頁359。

> 然自堯、舜三代以至于孔子乃至孔子之後之孟子，此一系相承之道
> 統，就道之自覺之内容而言，至孔子實起一創闢之突進，其即其立
> 仁教以闢精神領域是……。〔註19〕

牟先生此述說點出孔子所道出的「道德自覺」與「精神領域」，實爲筆者所讚許者，而下文之「道德本性」、「最高歸宿」等相關談論，則不屬筆者所欲歸結的内容；其云：

> 此内聖之學，就其爲學言，實有其獨立領域與本性，此即彰顯著道
> 德之本性（自性）以及相應道德本性而爲道德實踐所達至之最高歸
> 宿爲何所是者是。自孔子立仁教之後，此一系之發展是其最順適又
> 是最本質之發展，亦是其最有成而亦最有永久價值之發展，此可曰
> 孔子之傳統。〔註20〕

上述關於「本性」、「最高歸宿」就筆者的談論脈絡來說，牟先生之言屬筆者之「欲完整解釋孔子的理論系統」的考量下而有。但筆者僅側重孔子談論的「道德自覺」與「精神領域」二方面，至多延伸至「聖人」的道德實踐推崇，而不直接涉入所謂「道德本性」或「最高歸宿」等方面。而筆者認爲在自身的談論範圍内，仍可側重於孔子論「仁」之核心，並避免其他的爭議性問題。

若就勞先生的判斷模式，他以「心性」之論說來陳述孔、孟之重要性，認爲孟子對儒學發展是「德行主體之顯現」，並說「孟子代表儒學理論的初步完成」；〔註21〕而此「初步完成」即筆者之前曾論「孟子對孔子的道德自覺」作出「理論上的解釋」，即以「性善」的理論來完整化他對「道德自覺」的論述。就筆者的思維脈絡，同樣認爲這是一種「使理論完整」的過程，也非孔子自身的談論内容。

以上諸述說，乃透露筆者談論「朱陸異同」時所欲找尋解決方式的線索；在可顧及孔子思想核心的前提之下，以下列舉三個以「工夫心」的談論方向，作爲尋求「同」的方法。

1、「工夫心」較不涉及「形上層面」的論述内容

在筆者的思維下，孔子論學核心是道出實踐層面的重大意義，且孔子談論的「實踐層面」與後儒常談的「天理」、「本性」、「天道」之意義關聯「並

〔註19〕 《心體與性體（一）》《牟宗三先生全集5》，頁 199。
〔註20〕 《心體與性體（一）》《牟宗三先生全集5》，頁 199。
〔註21〕 《新編中國哲學史（一）》，頁 159。

非必然連結」。〔註22〕若依照宋明儒者所使用的語言與關切的議題，則「理」、「性」的形上意義成分往往連結至人的道德自覺，或是作爲道德自覺的「根源」。另方面，若談論「存有」層面則又涉及更多的「天理觀」甚至「宇宙生成」等論述，亦可延伸至「德性根源」的「存有」之討論；例如朱子的「理氣」論述，兼論存有與德性意義，而這些談論乃自孟子立「性善」，經《中庸》、《大學》、《易傳》之後出現的延伸談論。

筆者所要陳述的是，雖然「性善論」或「天理」在朱、陸、王三人中是個大前提，筆者也無意排除、無法排除，但筆者所關切的層面並非「性善」與「形上層面」緊密相連之下的延伸論述，或是關乎「天理」的形上關切。此即，若以「實踐層面」之相關談論，而排除「性論」或「天理」所涉及的「形上關切」等議題，是否可能？筆者認爲，談論朱、陸、王的工夫與實踐內容必然無法排除「性善」或「天理」的相關論述，但是可以用「工夫心」的方式將「性善」與「天理」關聯於「形上旨趣」的層面降低。也就是說，雖然朱、陸、王都以「性善論」爲前提論工夫實踐，且以「天理」作依歸，筆者亦不否定此理論脈絡，但筆者在「工夫心」的談論下，所重視的是實際的「實踐層面」而非關乎「性善論」與「天理」的形上旨趣方面。

2、「工夫心」以「實際實踐層面」爲論述核心

承接上述，對筆者而言「工夫心」所關心的是「實際實踐層面」，而非「性善論」或「天理」所涉及的「形上旨趣」或「理論完整性」；若「性善論」、「天理」的內涵用於「實踐」而不是純粹的思辨時仍在筆者的述說範圍內，而且切合朱、陸、王三人的共識。另方面，爲何筆者如此強調「實踐層面」而不以「性善論」或「天理」爲關鍵？乃因筆者認爲儒者所肯定的君子或聖賢，關鍵處在於「實踐層面」，至於「性善論」或「天理」則屬立論時的理論意義。再者，包括孔子在內與之前的「聖賢」之所以被肯定，事實上是「實踐層面」上的推崇。

另方面，後儒對「聖賢」亦有自身的「延伸論述」，例如述說「聖人」除了有德性實踐，其實踐即爲「復本」的模式，或是有某種「天人關係」的境界描述。但這是在出現「性善」或「天人關係」論述之後產生的「延伸論述」

〔註22〕筆者所說之「並非必然連結」，乃認爲孔子之說「不一定」要以宋儒的解讀模式如「天理」、「本性」、「天道」來理解之，但是「可以用」此模式來理解，故說「非必然連結」。

或「補充說明」，並非有此「性善」、「天理」或「關切形上層面」才是儒家肯定的聖人條件。因此，對古代「聖賢」的種種論述或肯定，若從「可確定」的層面來講，僅有「實踐層面」關乎「德性行為」為是；至於聖人是否「知天地」、是否為「復性善」之楷模，則亦屬筆者所謂的「延伸論述」或「補充說明」。

而朱、陸、王三人的談論實踐時，其實與「性善」、「天理」等涵義無法切割，但筆者所要強調的是，關於「性善」或「天理」所涉及的形上層面之「延伸論述」才是筆者所要排除的。其實「性善論述」於朱、陸、王三人論實踐時相當重要，但此種涉及「根源」的論述卻又產生涉及形上層面的預設或是個人體驗，因此筆者之「工夫心」僅強調「心態」與「意志」兩層面，至於「工夫心」與「本源」是否可切割，事實上不可能做到。但筆者認為「工夫心」的論述可排除關乎「本源」（例如：性善、天理、性即理、心即理）的「形上層面」延伸論述，而僅以「實際實踐」層面來談論儒者共識。

3、「工夫心」非欲求儒家理論發展的完整

若說孔子論仁，從人的主體上點出道德自覺，而後孟子點出此「道德自覺」出於「性」，再延續到《中庸》、《易傳》涉及形上成分的論述，是一個理論發展的完整性表現，就筆者來說是可以接受而且是有意義的。但相對的筆者認為，若僅以孔子道出的「道德自覺」與「實踐層面」來說此為「儒者」核心，其實不算「不完整」。當孟子「解釋」道德自覺的根源時，從理論上來說是「更加完整」且筆者認為是有意義的。但後儒對此種「根源」的形述延伸至「天人關係」的談論或涉及形上層面的關切，這些都是思想發展的自由延伸，這樣的現象或許對儒家所關切的道德體系有著所謂的「較完整論述」，但對筆者而言，許多爭議卻是從這些「追求完整」思想之後的產物。

因此筆者欲求「同」，並不涉入為了「解釋」孔、孟理論的內容以使其「完整」所產生的「新內容」，也就是不涉入「形上層面」或是「性論關於形上的層面」。當然，筆者並不是排斥這些理論的發展，而是欲求「同」時，所欲回歸孔子論述的一個考量。

總括來說，「工夫心」是強調「道德自覺」或「實踐層面」時的關鍵點，僅有「工夫心」的論述對許多儒者來說或許是「不完整的」，但這卻是孔子論述的核心；相反的，朱陸論爭有些層面是涉及那些「欲使其理論完整」的「延伸」內容。因此儒家理論發展雖欲求完整而涉及「性論」、「天理」與「天人

關係」等論述，筆者僅就其「理論完整性」肯定之；但若求朱、陸、王三人之「同」的前提下，筆者仍排除此種所謂「理論完整性的考量」，而直接以「工夫心」來述說。

第二節　從「工夫心」反省朱、陸、王三人的「同異」

一、筆者所判定的朱、陸、王之「工夫心」

筆者談論「工夫心」乃指出「實踐時」或「作工夫時」的「心」有兩方面涵義；此即「心態」與「意志」。而筆者認為，當論述本源如「心即理」、「性即理」，或「復性」、「成德」之相關細節實踐的「條目」時，皆須透過「實踐」方有意義，而「實踐時」最重要的關鍵處為何？筆者認為並非是「工夫條目」或是「工夫本源」，而是關乎「本源」與「條目」兩者之間的「工夫心」內涵；茲述如下。

（一）「工夫」之各種模式與「工夫心」

第一節中既已確定筆者自身的判斷方式與範圍，此處回歸談論朱子、陸子、陽明三人的「工夫心」，即從「心態」與「意志」兩方面說明「工夫心」，配合三人對做工夫時的談論內容，則可明確交代三人對「工夫心」的同等重視與其相同點。

在談論三人之「工夫心」之前，筆者得先說明「工夫」的「型態」。簡要言之，「工夫」則有所謂「下學」、「上達」之二層次狀態，此出於孔子之言：

子曰：「不怨天，不尤人；下學而上達……。」（《論語‧憲問》）

上述，孔子所說之「下學上達」就筆者之解讀觀點而言，「下學」乃從具體實踐上說，而「上達」乃言因實踐而得至較佳之層次；例如，從見聞之知中，求得「孝」之實踐典範或方式，此乃「下學」層面，若經由實踐而得「孝順之實」，於「孝」行之中得此心之純然，且得孝之意義，乃所謂「上達」之事。故「下學」與「上達」是就實踐的開始與完成上來說。

因此，就工夫的「歷程型態」上說有上述兩層次；就工夫的「條目」來說，則有許多可能；就工夫的「本源」來說，可立「性善」、「本心」或「良知」，或說「本體工夫」；但就「工夫」的「實質意義」來說，則是筆者的「工夫心」所指涉者。而這四者之間並非可切割，而是針對「工夫」一詞來談論

時，所牽涉的四個方向。既然筆者選擇「工夫心」作為談論要點，除了認為「工夫心」是關聯於其他三者之外，更是「作工夫」時的最關鍵處。

另外，所謂「下學」、「上達」之事，其「歷程」即「作工夫之種種事」，朱、陸、王對於「下學上達」皆不否定，而僅有側重面的不同，但筆者則認為不論是所謂「下學」或是「上達」者，其過程與其成立皆須有「工夫心」之內涵。例如陽明曾云：

> 問上達工夫。先生曰：「後儒教人纔涉精微，便謂上達未當學，且說下學：是分下學、上達為二也……。故凡可用功可告語者皆下學，上達只在下學裡。凡聖人所說，雖極精微，俱是下學。學者只從下學裡用功，自然上達去，不必別尋個上達的工夫。」〔註23〕

從「故凡可用功可告語者皆下學」則可知陽明認為「下學」乃偏向具體事為的實踐工夫，故包括德性知識、見聞知識的獲取與實踐；而真正實踐下學諸事之後，方有「上達」之意義。故若有「某種前提」的「下學」實踐「自然可上達」，而不是說「上達」是另一種直接的實踐工夫。而此「某種前提」即筆者第四章談論陽明儒家定位時，所談論的「良知發用」處來作工夫，此即陽明所認可的「下學上達」過程。至於朱子，曾云：

> 向來妄論持敬之說，亦不自記其云何。但因其良心發現之微，猛省提撒，使心不昧，則是做工夫底本領。本領既立，自然下學而上達矣。若不察於良心發現處，即渺渺茫茫，恐無下手處也。〔註24〕

上述朱子亦肯定一個「良心發現」作為工夫前提，若有此前提則對於「下學」之事採取的實踐自然可「上達」。故朱子談論「下學上達」的意義，亦非認為這是兩種「工夫」，因「下學上達」是「作工夫」的始終狀態之歷程描述。而朱、王兩人皆認為「若有正確的下學」則可「自然地上達」，因此「下學上達」對朱、王來說是實踐者必經的過程，若論差異僅在於對「下學」之事的關切度而已。依此脈絡來說，陸、王對於「下學」之事似乎較不側重，因為他們認為「下學」偏向見聞或是條目之事，重點應該是在實踐的「本」或「發」處；而朱子雖同樣側重「本」或「發」，但他對於「下學」所含有的條目與次第相當關切。

筆者之所以提及此「下學上達」，乃為點出不論是工夫之「歷程型態」，還

〔註23〕《王陽明全集》〈語錄一〉卷一，頁 12～13。
〔註24〕《朱子文集》〈答何叔京十一〉卷四十，頁 1722。

是工夫之「本源」、「條目」，皆與「工夫心」有關聯；例如朱子所說的「良心發現處」涉及「本源」並關涉筆者前節所說的「心態」，陽明所談之「良知」作為「本源」來談論「自然上達」，亦屬「工夫心」之範圍。故總括來說，貫通「工夫」的「工夫心」乃指稱「實踐時」的「心態」與「意志」，且與「本源」、「條目」相關，而論工夫時並非有「固定的字詞」來指涉筆者所謂的「心態」與「意志」；於此則一一談論朱、陸、王三人涉及「工夫心」內容，下文即述。

（二）朱子之「工夫心」內容

1、強調「心態」方面的語句

朱子對於「心態」之強調時常以「敬」稱之，雖然「敬」有動態意義例如「持敬」，但亦有靜態涵義即「敬的狀態」或「敬的心態」，例如：

> 又曰：「入道莫如**敬**，未有致知而不在**敬**者。」又曰：「涵養須是敬，進學在致知。」蓋為此也。向來講論思索，直以心為已發，而日用工夫，亦止以察識端倪為最初下手處，以故闕卻平日涵養一段工夫⋯⋯。〔註25〕

上述，朱子說明格物致知之過程中必有「敬」的態度涉入；另方面，涵養時亦以「敬」的態度來面對，此乃「以敬的靜態意義」來說「心態」。若涉及「敬」的動態意義述說亦有：

> **敬**則心存，心存，則理具於此而得失可驗，故曰：「未有致知而不在**敬**者。」〔註26〕

上述，「敬」可能指涉「動態意義」與「靜態意義」；一是因「動態意義的『持敬』」則「心存」，表示有「操作敬」以達「存心」的過程；另一則是單純說「敬的狀態」則可「心存」。因此朱子談論「敬」可能有「持敬」與「敬的狀態」兩種內涵，而後者乃筆者所謂的「心態」，前者則涉及「持」的這種「意志」操作。總括來說，「敬」可以是一種「心的狀態」也可以是「使心達到某一種狀態」的操作，端看其文義而定，例如：

> 人能**存得敬**，則吾心湛然，天理粲然，無一分著力處，亦無一分不著力處。〔註27〕

上述朱子說若心能「存敬」，則其中「心的狀態」則「湛然」且「天理粲然」，

〔註25〕《朱子文集》〈與湖南諸公論中和第一書〉卷六十四，頁3229～3230。

〔註26〕《朱子語類》〈大學五〉卷十八，頁402。

〔註27〕《朱子語類》〈學六・持守〉卷十二，頁210。

而這就是筆者所說的「心態」之指涉，若能依此種心態持續應物，朱子認為則不須著力卻可事事皆有其力。另外，朱子談論「心態」並非僅以「敬」說之，亦有以「誠」說之者：

> 問：「物未格時，意亦當誠。」曰：「固然。豈可說物未能格，意便不用誠！**自始至終，意常要誠……。**」〔註28〕

上述，朱子認為不論「物格」成功與否，其「格物」過程態度，從「意」上說必須要「誠」；也就是以「誠心」之「態度」來說明格物時的「心態」應如何，故說「自始至終，意常要誠」，此用意即與前文曾述之「未有致知而不在敬者」的談論相似。此外，又有以「義理心」稱之者：

> 學者為學，未問真知與力行，且要收拾此心，令有箇頓放處。若收斂都在義理上安頓，無許多胡思亂想，則久久自於物欲上輕，於義理上重。須是教**義理心**重於物欲，如秤令有低昂，即見得義理自端的，自有欲罷不能之意，其於物欲，自無暇及之矣。苟操舍存亡之間無所主宰，縱說得，亦何益！〔註29〕

上述，朱子認為以「義理心」來對峙「物欲」，故其中的內心層面非私而以「義理」為考量，此乃「此心之狀態」內存「義理」而應物之述說，故仍在心上說。

上述之種種，筆者乃點出朱子涉及「心態」之談論大要，其實此種涉及「心態」不僅有上述所用之「詞語」，因為涉及「心之狀態」的正面意義描述本來就不限於「敬」、「誠」……等用法，端看其文義即可知。筆者僅是道出作工夫時涉及「心態」之談論相當重要，且是位於朱子論工夫時的關鍵處之一。至於此種「心態」如何維持或產生，則有時則須「意志」上的要求或操作，下小節即述。

2、強調「意志」方面的語句

朱子既然強調有某種「心之狀態」必須維持，但「如何維持」此種「心態」亦是另一種工夫；就筆者之言，此亦是在「心」上說，乃是從心上操作或甚至是「強制」、「要求」等涵義，例如欲求得「敬」之態度或是狀態時，朱子曾云：

> 若只持敬，不時時提撕著，亦易以昏困。**須是提撕，才見有私欲底**

〔註28〕《朱子語類》〈大學二‧經下〉卷十五，頁302。
〔註29〕《朱子語類》〈學六‧持守〉卷十二，頁201～202。

意思來，便屏去。且謹守著，到得復來，又屏去。時時提撕，私意
自當去也。〔註30〕

上述，朱子亦察覺到「敬」並非能夠如此自然，也就是說以「敬」的態度應事
應物並非隨意可得，故說「須是提撕」來注意、提醒自我，若有私欲發生時則
需馬上屏除，而這些操作都是在「心」上說，若以筆者的用語，則屬在「意志
上」操作。而此種實踐時的細節即「意志」上的強調，朱子相當重視之：

聖賢千言萬語，只是教人明天理，滅人欲。天理明，自不消講學……。
自家若得知是人欲蔽了，便是明處。只是這上便**緊緊著力主定**，一
面格物。今日格一物，明日格一物，正如遊兵攻圍拔守，人欲自消
鑠去。所以程先生說「敬」字，只是謂我自有一箇明底物事在這裏。
把箇「敬」字抵敵，常常存箇敬在這裏，則人欲自然來不得。夫子
曰：「**為仁由己**，而由人乎哉！」緊要處正在這裏！〔註31〕

上述之「敬」字，乃筆者前小節談論「敬」時所說的「動態意義」；也就是說，
同樣一個「敬」字的述說，視前後文可知有「持敬」這種動態意義，而非僅單
純描述「心的狀態」而已。在上述引文中，朱子點出「明天理，滅人欲」的操
作時，若受欲所矇蔽則需要「緊緊著力主定」而「格物」，也就是說，以強力的
「意志上操作」將心定於「存天理」而維持之，並作格物之事。於此可見，「意
志」這種「工夫心」對朱子來說，於實踐上亦是重要處，故文末又以涉及「意
志」涵義來解讀孔子所說的「為仁由己」。由於朱子對於此種「意志」之強調頗
深，故對於「敬」有許多說明，而以「主一」來述說如何能「敬」，其云：

主一又是「敬」字注解。要之，事無小無大，常令自家精神思慮盡
在此。遇事時如此，無事時也如此。〔註32〕

先賢說得甚分明，也只得恁地說，在人自體認取：主一只是專一。

〔註33〕

敬，只是收斂來……。〔註34〕

上述，朱子道出如何得「敬」乃須「持」，或是須「收斂」，而此種「持」則

〔註30〕《朱子語類》〈大學五‧或問下〉卷十八，頁402。
〔註31〕《朱子語類》〈學六‧持守〉卷十二，頁207。
〔註32〕《朱子語類》〈學六‧持守〉卷十二，頁206。
〔註33〕《朱子語類》〈程子之書二〉卷九十六，頁2465。
〔註34〕《朱子語類》〈學六‧持守〉卷十二，頁208。

是「主一」之功，而「收斂」亦是從自我要求上說者。就文義來看，「主一」則是在意志上說「專一」而「令自家精神思慮盡在此」，「收斂」亦是令心回覆「敬」的一種操作方式。若因「主一」或「收斂」而得「敬」，則又可以「誠」來稱呼此時之「狀態」，其云：

> 謹字未如**敬**，敬又未如**誠**。程子曰：「主一之謂敬，一者之謂誠。」
> 敬尚是著力。〔註35〕

上述，「誠」可描述某種狀態，此「誠」筆者曾於上小節論述「心態」時談論過，乃指稱「誠的心態」，然而此處朱子則以較完滿的維持狀態來說之，故相較而言「敬」於此處乃取動態義之「持敬」，故朱子說「尚是著力」。而若是近乎「強制」或是「意志上的操作」，朱子雖如此重視，但不是說任何工夫就是這種表現方式，也不是贊成人「只有」在意志上強制把捉，其云：

> 心是把捉人底，人如何去把捉得他！只是以義理養之，久而自熟。
> 〔註36〕

> 孟子是明理合義，告子只是硬把捉。〔註37〕

上述，朱子反對人僅會用「把捉」這種強制方式來克制「心」的負面內涵，而達到所謂「不動心」，認為必須以「義理養之」方式正確途徑，故後引文說孟子之「不動心」是合義下的自然，非告子的「把捉」強制。因此，作工夫時這種「意志上」說的「克制」或「強制」是否可為？事實上朱子也注意到這方面的問題，故認為有時得「把捉」卻不可「僅以把捉為是」，而須以「仁義內在」等方式來雙面進行來求得「敬」或是「誠」，因此朱子承認想要達到「敬」或「誠」時有「把捉」與「自然」兩種狀況：

> 敬也有**把捉**時，也有**自然**時；誠也有**勉為誠**時，亦有**自然**誠時。且說此二字義，敬只是箇收斂畏懼，不縱放；誠只是箇朴直慤實，不欺誑。初時須著如此不縱放，不欺誑；到得工夫到時，則自然不縱放，不欺誑矣。〔註38〕

上述，則述說「敬」或「誠」之達成，有時得強制，有時是自然；筆者認為這樣的述說方式相當符合實踐者的體驗，因此朱子論述此種「意志」的「強

〔註35〕《朱子語類》〈性理三‧仁義禮智等名義〉卷六，頁103。
〔註36〕《朱子語類》〈論語二‧學而篇上〉卷二十，頁456。
〔註37〕《朱子語類》〈大學四‧或問上〉卷十七，頁373。
〔註38〕《朱子語類》〈訓門人一〉卷一百一十三，頁2743～2744。

制」作用時，認爲「有時是必須」的：

> 問：「人於誠敬有作輟。」曰：「只是在人，人須自責。如『爲仁由
> 己』，作與輟都不干別人事，須是自家肯做。」又問：「如此時須是
> 勉強？」曰：「然。」〔註39〕

上述可謂朱子注意到實踐時，並非都可以「誠」、「敬」、「仁」等「心態」那
樣自然的去實踐，因此認爲在「意志」上的操作是必須的，有時不得以此種
方式「勉強」來達到所謂的「敬」、「誠」或「仁」，而這種說法筆者認爲沒有
違背作工夫時的意義，反而相當符合事實。

3、兼含「心態」與「意志」之語句

　　不論是從「心態」上還是「意志」上談論工夫時，其實都有可能相互涉
入，當然上兩小節乃筆者刻意區分「心態」與「意志」兩方面來說；此小節
則論述作工夫時，所涉及的「心態」、「意志」兼論者：

> 曰：「孟子云：『操則存，舍則亡。』人才一把捉，心便在這裏。孟
> 子云『求放心』，已是說得緩了。心不待求，只警省處便見。『我欲
> 仁，斯仁至矣。』『爲仁由己，而由人乎哉？』其快如此。蓋人能知
> 其心不在，則其心已在了，更不待尋。」〔註40〕

上述，可知有「某種心」需要維持，而且可以用「把捉」的方式來操作。若
以孟子的「本心」來談，則我們需要以「本心」來行事，但此「本心」並非
時時存於行事中，有時「放」故須「求」之，因此用「把捉」的方式在「意
志」上操作以令此心不矇蔽於私欲，而有此「把捉」過程則「心便在這裏」。
此處的「心便在這裏」乃指涉某種「心的狀態」，亦即「本心內存的狀態」。
因此總體合說，則肯定先從「意志」上有一操作，而達到某種「心態」上的
呈現。而此種方式亦落實在朱子解釋《大學》之「誠意」上：

> 言欲自修者知爲善以去其惡，則當實用其力，而禁止其自欺。使其惡
> 惡則如惡惡臭，好善如好好色；皆務決去，而求必得之……。〔註41〕

> 意既實，則心可得而正矣……。〔註42〕

上述，可見朱子有「先用其力」這種意志上操作而杜絕「自欺」之過程，而

〔註39〕《朱子語類》〈學六·持守〉卷十二，頁212。
〔註40〕《朱子語類》〈學三·論知行〉卷九，頁151。
〔註41〕《四書集注》〈大學章句〉，頁7。
〔註42〕《四書集注》〈大學章句〉，頁4。

達到某種「心態」之維持，此即達到「意誠」而得「心正」之穩固狀態。

總括來說，「心態」可指涉「敬」或是「意誠」……等諸多狀態，以大方向來說，其內涵則屬「無私」的「心態」；而這樣「心態」之達成，朱子認為時常得在意志上操作，故其「工夫心」的內涵一方面表達「心態」的重要性，另方面也承認要有某種「心態」則得在「意志上」操作而後得之的情況。

（三）象山之「工夫心」內容

象山論工夫之細節內容不多，主要以「立本」或「立志」等大方向來教導學生，關乎本文之「工夫心」內涵亦有，然因象山的工夫論述較為簡潔，因此較少強調實踐中的細節，故筆者不分述「心態」與「意志」而整合論之。

象山對於「心態」上的指稱，事實上與「本心」的意涵相類似，而有以「義理之心」或「敬篤之心」之語辭形述者；其云：

> **義理所在，人心同然**，縱有蒙蔽移奪，豈能終泯？患人之不能反求深思耳。**此心苟存**，則修身齊家治國平天下，一也；處貧賤富貴死生禍福，一也。故君子素其位而行，不願乎其外。〔註43〕

上述，象山強調有「義理之心」而且是「人心同然」的「本心」非可泯滅。而若「此心存」，也就是指涉「無私」方面的「本心」一旦「內存」，則對於修身、齊家、治國、平天下等實踐，皆可自然得成而貫徹於一。由此來說，象山的「心態」意義與其「本」有著強烈連結，若有此「內存」之「心」，則各種實踐其實僅是一事。另方面，此「心態」是否有用於「作工夫時」，象山曾云：

> 今而未有**篤敬之心**、踐履之實，拾孟子性善之遺說，與夫近世先達之緒言，以盜名干澤者，豈可與二子同日道哉？〔註44〕

上述，可知「敬篤之心」與「踐履之實」兩者必是同具方為象山所肯定，雖然象山似乎不是「連結的說」「敬篤與踐履」，但此兩者在實踐上絕對難以切割。也就是說，論及實踐時必有「敬篤之心」之「心態」來「踐履」方有意義，而此方是正確的實踐模式。

由於象山論述「本」的談論為重，故其論工夫內容本身較為易簡，而且較少談論細節；他認為實踐時本應存有此「本心」之相關意義，故作工作夫時常已內存「無私」或「本心」等意涵來述說，或是強調要有「本心」這種前提來實踐，因此較少重複述說「作工夫時」的「心態」應當如何。

〔註43〕《陸象山全集》〈鄧文苑求言往中都〉卷二十一，頁162。
〔註44〕《陸象山全集》〈天地之性人為貴論〉卷三十，頁221。

　　另方面象山對「意志」方面的強調，主要是說明如何保有「本心」意義或是確立正確的「志向」；總括來說，象山強調的「意志」上操作，不是保有「本」就是從「意志」上確定一個「正確方向」來說實踐，曾云：

　　　　志向一立，即無二事。此首重則彼尾輕，其勢然也。〔註45〕

上述，象山表明須「立志」，而此「立志」即從「義」之方向說者，此在筆者第四章談論象山關於「義利」之說時已曾論及；另方面，「立」自然是從「意志」上說者，而「立」的內容則又可導回「本」，其云：

　　　　心不可泊一事，只自立心，人心本來無事，胡亂彼事物牽將去，若

　　　　是有精神，即時便出便好；若一向去，便壞了。〔註46〕

上述，象山強調「自立心」，而此「心」即「本心」或「仁義之心」等內涵，此「本」若立，則應物自然不被牽累。雖然象山總是談論「立志」或「立本」，然而在「意志」上的操作，他認為有其重要之處，其云：

　　　　念慮之正不正，在頃刻之間。念慮之不正者，頃刻而知之，即可以正。

　　　　念慮之正者，頃刻而失之，即是不正，此事皆在其心……。〔註47〕

　　　　故正理在人心，乃所謂固有。易而易知，簡而易從，初非甚高難行

　　　　之事，然自失正者言之，必由正學以克其私，而後可言也。〔註48〕

上述第一引文，象山亦重視「念慮」之「正」，「頃刻而知之，即可以正」則代表可從「意志」上來操作此讓此「心」歸於「正」，且導源於「本心」上來說明。而第二引文則說「正理在人心」這種「意志」上操作是由「心」所決定，此種抉擇在一念之間，對操作者來說是一種「克制私欲」的操作。此外，又云：

　　　　大丈夫精神豈可自埋沒如此？……「為仁由己」、「有能一日用其力

　　　　於仁，我未見力不足者」，聖人豈欺後世？〔註49〕

上述可知，象山強調「意志」的操作是可行的，也認為此種能力乃人所故有，因此認為「豈可自埋沒」。文後所引之「為仁由己」等，則取《論語》中強調「意志」上的持續，來說人人都有能力操作而達到「仁」意義上的實踐。

　　總括來說，象山的「心態」是關乎「本心」的確立上來說，因此實踐時

〔註45〕　《陸象山全集》〈與趙然道三〉卷十二，頁100。

〔註46〕　《陸象山全集》〈語錄一〉卷三十五，頁297。

〔註47〕　《陸象山全集》〈雜說〉卷二十二，頁171。

〔註48〕　《陸象山全集》〈與李宰二〉卷十一，頁95。

〔註49〕　《陸象山全集》〈與諸葛誠之三〉卷四，頁33。

有「心態」之確立即可自然得當,若涉及「意志」則強調「立本」、「立志」之操作,並說明此種操作能力事實上都內在人的能力當中;筆者再舉一例,作為象山重視「心態」與「意志」之總結:

> 吾友能棄去謬習,**復其本心**,使此一陽為主於內,造次必於是,顛沛必於是,無終日之間而違於是,此乃所謂「有事焉」,乃所謂「勿忘」,乃所謂「敬」。果能不替不息,乃是積善,乃是積義,乃是善養浩然之氣。真能如此,則不愧古人。其引用經語,乃是聖人先得我心之所同然,則為不侮聖言矣……。〔註 50〕

上述,象山先說「復其本心」而內有所主,後強調「有事焉」、「勿忘」等意志上操作,以作為「敬」的真實涵義。故,象山言「敬」乃心中保有有此「本心」者為關鍵,而補以「有事焉」、「勿忘」之意志上操作以持續。文後又回歸「本心」與「聖人先得我心之同然」等語,則可知象山之「心態」意義乃直涉「本心」之發用上說。

總結象山論工夫,頗為易簡而多以「大方向」為主要論述點,其云:「不專論事論末,專就心上說。」〔註 51〕、「既知自立,此心無事時,須要涵養,不可便去理會事……。」〔註 52〕因此相較於朱子、陽明較無細節上的說明。上述之種種論說,乃筆者刻意點出象山論述較為細膩之處,事實上在象山論述中,較難以找尋有關作工夫的「細節」之處。但若以「工夫心」來論述時,筆者發現他仍是重視實踐時的「心態」與「意志」之意義。

(四)陽明之「工夫心」內容

1、強調「心態」方面的語句

由於陽明論工夫有從根本上說的談論方向,因此他時常以「良知」等相關含義來說明作工夫時的「心之狀態」應屬「良知之發」,而此種「心態」與他的「良知」發用處關聯極大,與象山論「心態」與「本心」的連結強度一致,因此相較於朱子來說,陽明的「心態」意義除了在作工夫時頗具關鍵,此「心態之維持」亦屬天理發用的涵義之一。

若論及「實踐」時的「心之狀態」,陽明仍有單純強調此「心態」者,其云:

> **此心若無人欲,純是天理**,是個誠於孝親的心,冬時自然思量父母

〔註 50〕《陸象山全集》〈與曾宅之〉卷一,頁 4。
〔註 51〕《陸象山全集》〈語錄〉卷三十五,頁 307。
〔註 52〕《陸象山全集》〈語錄〉卷三十五,頁 296。

的寒，便自要去求個溫的道理；夏時自然思量父母的熱，便自要去求個清的道理。〔註53〕

上述，陽明強調行孝時之「心之狀態」應屬「無人欲」而「純是天理」的那種從良知發用上可得的「心」，而此種「心態」「純是天理」從「良知」上發用可得，而且可以「意念上之誠」來述說，其云：

致其知溫清之<u>良知</u>，而後溫清之意始<u>誠</u>，致其知奉養之<u>良知</u>，而後奉養之意始<u>誠</u>，故曰「知至而後意誠」。〔註54〕

上述，從陽明的用詞上說，即是「良知發用於孝」使得正確的「孝心」展現，而得所謂的「意誠」；就筆者的談論來說，這些都是說明實踐時「心態」之強調。另方面，如何「保持」此「心態」事實上就是陽明所側重的關鍵之一，因爲此種「心態」乃良知之發而後展現於「意誠」，故若守得此基礎，不論任何實踐皆可得當行之；而陽明所論「學」之內含不外乎此範圍，其云：

只<u>存得此心</u>常見在，便是學。過去未來事，思之何益？徒放心耳！

〔註55〕

上述，可知陽明認定的「此心常在」乃就內心存此「良知」或「純是天理而無私」等意義上說者，因此陽明論述「心態」除了代表實踐時的有效性之外，此「心態」本身的展現與維持，事實上就是他最關切的要點；因此又云：

至善只是<u>此心純乎天理</u>之極便是，更於事物上怎生求？……若只是溫清之節、奉養之宜，可一日二日講之而盡，用得甚學問思辯？惟於溫清時，也只要此心純乎天理之極；奉養時，也只要此心純乎天理之極。〔註56〕

上述，陽明的「心態」意義頗有此「心態」與「天理相合」之意味。而這種「心態」即從「良知的發用」之「持續」來說，故以「此心純乎天理」之「極」來說明實踐時「此心狀態」皆從良知發用而無私，且可持續不斷，即可達所謂「天理之極」。

上述可知，陽明對「心態」陳述出多種意義，此「心態」除有即於「天理」的內涵之外，在單純論「作工夫時」，「心態」乃指涉「良知」或「無私」

〔註53〕《王陽明全集》〈語錄一〉卷一，頁3。
〔註54〕《王陽明全集》〈語錄二〉卷二，頁49。
〔註55〕《王陽明全集》〈語錄一〉卷一，頁24。
〔註56〕《王陽明全集》〈語錄一〉卷一，頁3。

等方面來說。但陽明亦發覺此「心態」之保有雖從「良知發用」上即可持續呈顯，卻亦有阻礙之可能，因此他也重視「意志」上來談論實踐時所應注意之要點。

2、強調「意志」方面的語句

陽明對於「意志」上的強調，或以「克」、「存」來說之，事實上都在強調實踐時所應注意的「意志要求」層面，其云：

> 省察克治之功，則無時而可間，如去盜賊，須有個掃除廓清之意。無事時將好色好貨好名等私逐一追究，搜尋出來，定要拔去病根，永不復起，方始爲快。常如貓之捕鼠，一眼看著，一耳聽著，才有一念萌動，即與克去，斬釘截鐵，不可姑容與他方便，不可窩藏，不可放他出路，方是眞實用功，方能掃除廓清。到得無私可克，自有端拱時在……。〔註57〕

上述，陽明注意到「私」之問題，因此有所謂「克治」之說法，而且強調在「一念萌動」時則須「克去」，也就是在「意志上」操作讓此「心念」歸於正，而達到所謂「無私可克」；此外又云：

> 人若眞實切己用功不已，則於此心天理之精微日見一日，私慾之細微亦日見一日。若不用克己工夫，終日只是說話而已，天理終不自現，私欲亦終不自現。如人走路一般，走得一段，方認得一段；走到歧路處，有疑便問，問了又走，方漸能到得欲到之處。今人於已知之天理不肯存，已知之人欲不肯去，且只管愁不能盡知，只管閒講，何益之有？且待克得自己無私可克，方愁不能盡知，亦未遲在。
> 〔註58〕

> 發動處有不善，就將這不善的念克倒了，須要徹根徹底，不使那一念不善潛伏在胸中。此是我立言宗旨。〔註59〕

上述二引文，第一引文乃陽明強調「克己工夫」之「意志」上操作者，後引文更強調在「意念上時」就可行「克制」之操作；總括陽明對「克己」之論述，乃「克私」之涵義，且在行爲上與意念上都可操作，此外又云：

> 區區因與說我此間講學，卻只說個「必有事焉」，不說「勿忘勿助」。

〔註57〕《王陽明全集》〈語錄一〉卷一，頁16。
〔註58〕《王陽明全集》〈語錄一〉卷一，頁20。
〔註59〕《王陽明全集》〈語錄三〉卷三，頁96。

> 必有事焉者，只是時時去集義。若時時去用必有事的工夫，而或有
> 時間斷，此便是忘了，即須勿忘。時時去用必有事的工夫，而或有
> 時欲速求效，此便是助了，即須勿助。其工夫全在必有事焉上用，
> **勿忘勿助只就其間提撕警覺而已。**若是工夫原不間斷，即不須更說
> 勿忘；原不欲速求效，即不須更說勿助。此其工夫何等明白簡易，
> 何等灑脫自在……。〔註60〕

陽明針對聶豹詢問「勿忘勿助」難以拿捏，而道出此工夫之旨乃「其間提撕警覺」，是提醒實踐而說「勿忘」，不應過度而說「勿助」，因此不是單純的懸想「勿忘勿助」。就根本來說，陽明認為只要有「必有事焉」之「集義」就是「明白簡易」而不需「勿忘勿助」，但至於意念上若需操作此種「勿忘勿助」時，只是意志上的輔助。

　　總之，論及「意志」之說，除針對行為與意念上的「克制」或云「克私」之外，對於實踐時的工夫細節與拿捏，陽明亦有注意此點之重要性；而這些都是在意念上可操作的細微層面，且涉及「意志」的操作。

　　3、兼含「心態」與「意志」之語句

　　若配合「心態」與「意志」兩者來說，陽明常強調「克私」以達某種「心態」之說，曾云：

> 初學必須思省察克治，即是思誠，只思一個天理，到得天理純全，
> 便是何思何慮矣。〔註61〕

上述，陽明認為「省察克治」乃初學者之必要，若克制私欲而得誠，即所謂「思一個天理」以達內心「得天理純全」之「心態」穩固，此時則不需再「思慮」。另方面，對於朱子曾經強調從「主一」這種「意志」上操作的工夫，陽明亦有類似的談論，其云：

> 曰：「居敬是存養工夫，窮理是窮事物之理。」曰：「存養個甚？」
> 曰：「是存養此心之天理。」。曰：「如此亦只是窮理矣。」曰：「且
> 道如何窮事物之理？」曰：「如事親便要窮孝之理，事君便要窮忠之
> 理。」曰：「忠與孝之理在君親身上？在自己心上？若在自己心上，
> 亦只是窮此心之理矣。且道如何是敬？」曰：「只是主一。」「如何
> 是主一？」曰：「如讀書便一心在讀書上，接事便一心在接事上。」

〔註60〕《王陽明全集》〈語錄二〉卷二，頁82～83。
〔註61〕《王陽明全集》〈語錄一〉卷一，頁16。

曰：「如此則飲酒便一心在飲酒上，好色便一心在好色上，卻是逐物，
成甚居敬功夫？」曰孚請問。曰：「一者天理，主一是一心在天理上。
若只知主一，不知一即是理，有事時便是逐物，無事時便是著空。
惟其有事無事，一心皆在天理上用功，所以居敬亦即是窮理……。
〔註62〕

上述陽明對話中談論實踐時雖有眾多條目，但關鍵仍在「存養此心之天理」，
而此種談論類似「良知之天理」的談論，但又特別強調「意志」上的操作。
在論及實踐條目如「忠與孝」時，陽明則強調「敬」與「主一」。「主一」是
專心一致，此心全在天理上來說「敬」。問者又說「主」乃「一心在」各種實
踐上如「讀書」、「接事」，故此「一心在讀書、接事」上的「一心」乃有「意
念上」的「專一」之強調，故乃涉及「意志」上之操作，但陽明補充最重要
的「主一」之意義乃「一於天理」，因此導回「一心皆在天理上用功」，強調
接事應物皆如此操作；因此說此種「主一」的意義就是「居敬」，而有此種「居
敬」的接物即是「窮理」。而此述，陽明強調「主一」這種「意志」上的操作
來形述「居敬」，點出實踐時用「意志」來收得「此心之狀態」（心態）而「純
是天理」。另外，若談論「格」之涵義時，亦有此面向之談論，其云：

「格」字之義，有以「至」字訓者，如「格于文祖」、「有苗來格」，
是以「至」訓者也。然格于文祖，必純孝誠敬，幽明之間，無一不
得其理，而後謂之格；有苗之頑，實以文德誕敷而後格，則亦兼有
「正」字之義在其間，未可專以「至」字盡之也。如「格其非心」、
「大臣格君心之非」之類，是則一皆正其不正以歸於正之義，而不
可以「至」字爲訓矣。〔註63〕

上述，陽明先點出「純孝誠敬」這種「心態」而「得理」，來說明欲達到此種
「心態」則須有「正」之意涵於其中，故「格」之意涵必有「正」之意方可
盡其義。故文後點出「正其不正」這種從「意志」上或實際實踐層面的操作
工夫，來說明「格其非心」之意涵。也就是說，陽明對於「正心」這種從「意
志」上操作，其目的不外乎回歸某種「無私心態」，雖然陽明時常說此種「無
私」從良知上發用即可得之，但實際實踐時往往得面臨「需要克制私慾」或
「正意念」等「意志」上的操作。

〔註62〕《王陽明全集》〈語錄一〉卷一，頁33。
〔註63〕《王陽明全集》〈語錄二〉卷二，頁47～48。

　　總括來說，論述作工夫的細節時，關於「心態」與「意志」的強調是必須的，在實際的操作中可發現，欲回歸陽明所要的「良知之發」或是「無私」等「心態」的保持或持續發顯，時時需要「意志」上的操作來達成，可見兩者的重要性；而此乃筆者之所以強調「工夫心」的用意。

（五）朱、陸、王三人「工夫心」的總結

1、「工夫心」皆同樣位居實踐樞紐地位

　　從上述對朱、陸、王的「工夫心」論述，可知對於「意志」與「心態」的重視，在實踐時皆不離此層面。而此種「心態」與「意志」筆者雖刻意分開談論，事實上在許多論述中，是兼含兩者意義，或是「以意志達到某心態」來說實踐。而筆者以「工夫心」稱之，乃因工夫除了落實於實踐之外，必在「心」上說方有意義，而且必涉及「心態」、「意志」兩者，而此兩項工夫心內涵，若回歸孔子的談論中，筆者認爲是相符合的。

　　延伸說，不論朱、陸、王對工夫的談論是否「易簡」，其對「本源」的談論是否從「心上說」或「性理上說」，但在「作工夫時」必談此涉及「心態」與「意志」的「工夫心」，而且在他們的強調中，可以理解「工夫心」的存在，才是他們所認可的實踐。

　　若在細節上檢閱，筆者亦發現朱、陸、王對「工夫心」雖然同樣重視，但對於「心態」與「意志」上的要求或認定的意義稍有不同。此即，象山因認爲實踐本來就需從本源上直接發露，因此較側重「心態」層面的提醒，故「意志」上的強調雖有，卻顯得是輔助。陽明除了與象山同樣重視「本源發露」的實踐，對於「意念上」的克制也認爲相當重要，因此述說「意志」方面又比象山多些而顯得較爲精細。而朱子雖然論述實踐亦有其「本」，但發現實踐時欲保有某「心態」之持續相當困難，故時時論述「意志上」該如何維持此「心態」。

　　總括來說，不論三人對「心態」與「意志」的偏重是否有些許差異，但這些談論都是在「工夫心」的側重面下來說的，而且筆者認爲即便三人對「心態」與「意志」兩方的強調有些許差異，事實上無礙三人的「同」；下小節即述。

2、對「心態」與「意志」之強調與意義上的差異性

　　從筆者上文一一列舉朱、陸、王三人對「心態」與「意志」的強調中，可發現朱子對於「意志上」的強調較陸、王二人稍多，而陸、王對於「心態」

的重視與其中意義似乎重於朱子的認定。而這樣的細微差異，筆者欲談論其中的原因以及此種「差異」並非「衝突的差異」。

從象山的談論中，自筆者第四章談論其儒學要旨時已經呈現一個事實，就是他對於「立本」的強調最爲重視，而對於實踐條目較不重視；而此點陽明亦然。但最關鍵者，在於陸、王對於「心態」的認定與「本心」或「良知」的發用上是緊密連結來談論的，因此論述工夫時，常以此「本」或「良知」的「已經發用」上來談論實踐，因此認爲實踐時自然可流露出應有的「內心層面」，故不須多以「克制」、「要求」來說欲達到某種「心態」上的過程。因此就「意志上」的操作雖然陸、王二人亦有所談論，但相較於朱子來說則顯得較爲少數。

另方面，也由於陸、王對於「心態」的意義緊密連結「本心」或「良知」的意義來談，因此「良知」、「本心」發顯的「心態」事實上就是「合理」，若掌握「如何保有」此「心態」即掌握了作工夫之樞紐，甚至保有此「心態」即是作工夫的目的。因此就「心態」來說，陸、王認爲達到此「誠意」或「本心」內存時，已是理的展現，故不需要在論述其他多餘的「工夫細節」。

反觀朱子在「意志上」的強調頗多，雖然朱子亦不反對從「本」或「本心」出發的格物，但他更重視「如何維持」這種從「本」或「本心」出發的格物細節，因此除了肯定「敬」、「良心發現處」這種「心態」的維持之外，又道出許多「持」、「克」、「主一」等「維持某種心態的方法」。也就是說，朱子意識到即便我們內存「本心」或「性善」，但在許多方面仍無法那樣自然的從這些「心態」上行實踐之事，故對於「意志」方面的強調多於陸、王二人。

也就是說，「心態」的達到或維持，對朱子來說並非如陸、王那樣的簡單或是自然流露；另方面，僅有「心態」的展露，朱子不敢直接說「此時的發心即天理」，因爲他強調必須透過不斷的實踐方可有所謂的「吾心之全體大用無不明」。亦即，實踐時「敬」的心態雖有，或是「本心」之心態雖存，但實踐時的「保有」或「維持」以達到「豁然貫通」之前，對朱子來說是另一個他關切的重要實踐歷程。

但總括來說，朱子與陸、王對於「心態」與「意志」上的強調與意義雖有些許不同，但三人都是側重「心態」與「意志」於做工夫時的重要性。此外，即便「心態」與「意志」上的強調或意義上有著不同，但這都僅是在「作工夫時」的細微差異，事實上雙方都意識到單一論述「心態」或「意志」是

不完備的。也因此，陽明也曾強調「意念上克制」之說，象山有「正念慮」等偏向「意志」的補充說明，而朱子雖強調「意志上」的操作，然亦有「敬則心存，心存，則理具於此而得失可驗」〔註64〕這種肯定「心態」的意義。

　　因此就筆者而言，「工夫心」所涉及的「心態」與「意志」，在朱、陸、王三人中，對於實踐上的意義是同樣重視的，即使在細節上有些許不同，但是在完備度上，三人皆重視「心態」與「意志」兼具時的重大意義。

二、以「工夫心」弱化「本源」與「條目」的差異

　　筆者既已「工夫心」來述說朱、陸、王三人對「實踐時」的共同側重點，即實踐時的「心態」與「意志」，於此小節則論述有此「工夫心」之同樣側重之後，論述工夫、實踐脈絡下時，所謂的「本源」或「條目」之「相異」亦無妨礙，試述如下。

（一）「本源」與「條目」於實踐時的地位

1、「本源」意義並無衝突

　　筆者所謂的「本源」乃針對「工夫」來談論，因此不涉及宇宙生成或形上旨趣的那種「本源」義，頂多僅談論「工夫」的「發端根源」。舉例來說，朱子的「本源」，即談論工夫時所設定的「性善」或「本心」這種基礎，而這種基礎以及達成又作爲「即理」的條件。也就是說，朱子一方面以「性即理」的意義作爲基礎或「本源」，另方面又以不斷的實踐來達成「性善」之本然而合於「天理」。而這樣的「本源」的「建立」以作爲「理」的形述，若僅從「實踐層面」來對照於陽明的「心即理」，筆者認爲雙方並非衝突；也就是說，以「性即理」的意義來看，朱子側重的是如何彰顯「性善」而合於天理，其中的實踐或持續應該注意什麼，同樣在象山與陽明論述中亦可見之。而此必涉及「工夫」問題，但筆者從「工夫心」的談論中，認爲朱子與陽明、象山的論述皆重視「心態」與「意志」層面的強調，而且談論所有工夫皆不離此種關鍵，故即便朱子以「性即理」作爲本源，但實踐模式中以「工夫心」來說時，與象山、陽明是不衝突的。

　　同樣的，論工夫時象山、陽明雖立「心即理」作爲立論基礎或「本源」，但主要是強調當下之「本心」或「良知」等彰顯時，就是合於天理的。但細

〔註64〕《朱子語類》〈大學五〉卷十八，頁 402。

節上象山、陽明亦注意到如何「維持」「本心」或「良知」之細部問題，因此在實踐層面上象山、陽明皆重視「心態」與「意志」兩者的狀況，與朱子的實踐模式亦非衝突。

細部來說，筆者認爲立「心即理」爲「基礎」的思路下，陽明與象山自然較重視「心態」所涉及的「內心無私」之相關層面，一旦掌握此「心態」，則實踐的細節自然不須多談。而以「性即理」作爲立論基礎的朱子，雖然同樣承認孟子的「性善」爲開導的實踐，但朱子又發覺此種「本心」之持續即便有「性善」作爲基礎仍有不得力之時，因此相當重視「意志」上的操作以求持續與完成。因此雙方的「本源」對實踐層面上的影響，頂多僅在實踐時的「心態」與「意志」的細節上之強調程度，並非有所衝突。

從筆者上述之簡說，可見雙方論述實踐時所談論的「工夫」細節，事實上根本沒有所謂的「衝突」。雖有兩種「本源」之立，但「工夫心」皆同，僅有「心態」與「意志」兩層面的強調上有著些許不同，而且此種些許不同並無造成「衝突」。因此，在「實踐層面」的談論脈絡下，「本源」是「性即理」還是「心即理」，無法造成「衝突」。

2、「條目」意義自然可「異」

論及工夫或實踐，自然有許多參考路線可追尋；例如朱子重視《大學》之爲學次第，認爲「八目」是相當好的實踐進路。而筆者於第二章談論陽明論《大學》時，點出陽明的立論基礎以及弱化爲學次第的那種談論內容。但事實上，象山、陽明都無法否定爲學次第的價值，若盲目的追尋一定次第而忽略「本」時才是需要反省的。當象山、陽明以求「本心」、「良知」出發的實踐時，事實上不論是「八目」或是可能存在的更多條目，必內涵這種「本心」、「良知」出發的實踐前提，也因此對於所謂的爲學「次第」或「條目」顯得較不重視。

若說朱子重視爲學次第是重視所謂的「條目」，事實上在論述《大學》時，朱子也曾說過「八目」中有許多是互相指涉的，因此也不是「必然的次第」。〔註65〕既然朱子也注意到「條目」或「次序」並非絕對，重點在實踐時此心

〔註65〕《朱子語類》〈大學二・經下〉卷十五，頁307：「正心是就心上說，修身是就應事接物上說。那事不自心上做出來！如修身，如絜矩，都是心做出來。但正心，是萌芽上理會。若修身及絜矩等事，卻是各就地頭上理會。」此論說，朱子認爲「修身」與「正心」事實上無法切割，頂多分出「心上說」與「應事接物」上說兩者；但究底來說都是「心上做出來」。

如何發顯、持續、貫徹，故即便朱子如此謹守《大學》原義，亦曾云：

> 《大學》自致知以至平天下，許多事雖是節次如此，須要一齊理會。**不是說物格後方去致知，意誠後方去正心。**若如此說，則是當意未誠，心未正時有家也不去齊，如何得……。須是多端理會，方得許多節次。**聖人亦是略分箇先後與人知，不是做一件淨盡無餘，方做一件。**若如此做，何時得成！〔註66〕

此說，朱子雖承認有許多事情的「節次」符合《大學》所說之次第，但操作時往往是需要「一齊理會」的，而且並非「八目」中的次第依序來作，達成其中一件方做另一件。

　　總括來說，實踐的「條目」若要盡舉，事實上可說「百目」或者更多，而《大學》所論之為學次第的確是個重要參考路線，但陽明、象山乃至朱子，都知曉並無所謂的「一定次第」或「幾個固定條目」來作為實踐參考。此外，在筆者之前論述「工夫心」時，道出三人認為實踐時最應注重的是「心態」與「意志」，應可加強釐清對「條目」的相關爭議問題。

（二）「工夫心」的持續即聖賢——弱化「本源」之異

　　前小節所述之「工夫心」，粗略的說明「本源」與「條目」在朱子與陸、王雙方中並非「衝突」；而此小節亦從論述實踐的層面下，直接以實踐層面的「工夫心」來說明如何「弱化」朱子與陸、王看似衝突的「本源」。

1、實踐脈絡下的「本源」差異性

　　筆者從「性善」或「性即理」來述說朱子論述實踐的「本源」；同樣的，亦以「本心」、「性善」、「良知」或「心即理」來述說象山、陽明的「本源」。然而「性善」卻是朱子、陽明、象山三人所共同肯定者，何以有「性即理」與「心即理」這種基本上的立論差異？

　　筆者再強調一次本文是從「實踐層面」上來談「本源」的，因此象山之「宇宙吾心」、陽明「無善無惡心之體」等這種對「本源」的形述，並非切合筆者之談論範圍。若就「實踐層面」論說，朱子之「性即理」的意義是說「性善本身」、「性善的達成」、「復性」等，是「天理」或「天理的展現」；而陽明的「心即理」或「良知即天理」的意義是說明此「心」發端流露時，即是「天理」或「天理的展現」；象山的「心即理」則說明「本心」之開顯即是天理。

〔註66〕《朱子語類》〈大學二‧經下〉卷十五，頁311。

筆者認為若就「實踐層面」上說，上述之「本源」（性即理、心即理）的意義並非衝突，而僅有細微差異而導致一些影響。此影響可從他們對「工夫心」中的「心態」與「意志」層面的強調程度不同可觀之；而此點筆者前文已有談論過。再延伸說，筆者所談論的「本源」，不論是朱子或象山、陽明所立之「本源」，在實踐上的呈顯並沒有衝突之處。

若涉及形上旨趣方面，將「性即理」與「心即理」的立論放大至天人關係、宇宙生成關係等諸多層面，則大有不同的開展而產生不同的論述。但筆者認為，有關形上旨趣的談論並非直接影響他們的「工夫心」，也無法影響；反而在「工夫心」的論述之下，朱子與陸王有關「形上旨趣」的層面論述差異，更顯與成聖賢的實踐進路無必然關係。

再者，筆者認為「本源」在實踐時所扮演的角色，一方面是解釋「道德自覺」的「根源」，另方面是說明如何復此「本源」的重要性。雙方的立論中，此「本源」人皆內存，而且皆可「復」，因此「本源」的差異性在實踐上的影響甚少；若再配合筆者對「工夫心」的描述，應可指出此「本源」是否為「性即理」還是「心即理」並非重要，而這種「差異」亦非「衝突」。

總括來說，雙方「本源」之「立論上相異」對筆者來說並無「衝突」，但此「本源」的立論對實踐上亦有些許影響；因此下小節即論述「本源」對實踐時的「工夫心」之影響層面。

2、實踐層面的「本源」對「工夫心」影響甚小

筆者暫以陽明之「心即理」作為陸、王立「本源」的代表，而這種「本源」對實踐與工夫層面的影響亦有。此小節則談論此方面細節，論述後對比朱子之「本源」立論，自可得出因「本源」所導致論工夫的些許差異，但這種差異並非衝突，而是兩種對「理」的認知下所呈現的不同實踐模式；茲述如下。

陽明認為良知發端、彰顯之當下，即是「理」而說「心即理」。此基礎一旦確定，在實踐的一開始若保有上述之「發端」等涉及無私之「心態」者，對陽明而言就是「理」；〔註67〕而象山之立論亦屬此類。另方面，此種意義下實踐之持續亦是當為，但陸、王並非認為「累積」之後所得的才是「理」，一開始實踐的「良知之發」、「本心發端」即是天理的展現。也因此，在筆者之前論述「工夫心」時亦察覺到象山、陽明對於「心態」的定位，有時則直接

〔註67〕 《王陽明全集》〈語錄一〉卷一，頁 2 云：「此心無私欲之蔽，即是天理，不須外面添一分。」乃強調此時「無私之心態」即合於天理。

把「心態」與「良知發用」緊密連結的現象，故此種與「本源」連結的「心態」之保有，亦是作工夫的目的。

　　而朱子認為，本心發端而實踐必須持續貫徹方可說達到「理」，而這種堅持就是跟陽明、象山的最大不同處。朱子雖然不否定「本心之發」是正面的實踐模式與前提，但是他更關切這種「持續」以及「如何持續」的問題。因此不以「心即理」的模式作為基礎時，對於「某種無私心態」之「保持」、「持續」或「積累」等方法，就是他相當關切的問題；例如：

> 仁就心上說，如一事仁也是仁，如一理仁也是仁，無一事不仁也是仁。聖是就地位上說，聖卻是**積累**得到這田地，索性聖了。〔註68〕

> 凡事有義，有不義，便於義行之。今日行一義，明日行一義，**積累**既久，行之事事合義，然後浩然之氣自然而生。〔註69〕

上述二引文，朱子皆強調「積累」而後有成聖、集義而生浩然之氣之結果。故朱子的「本源」並非如陽明那樣，認為「良知」所發顯的「心態」馬上說是「合於天理」。而朱子強調「積累」的談論，可與筆者之前談論朱子之「工夫心」時曾談論他所重視的「意志」上可連貫理解。也就是說，在「工夫心」的內容上，朱子對於「意志」上的操作且強調「持續」的重要明顯多於陸、王，而不以單純的「心態」上來說「合於天理」。而這樣的差異，若說是「本源」（「心即理」、「性即理」）上的不同所導致，其實亦可；但這樣的「本源」所導致的「差異」，事實上僅是影響「心態」與「意志」的側重程度，而不會因「本源」之立論不同而有所「衝突」。

　　總括來說，「本源」對「工夫心」的影響甚小，只造成對「心態」與「意志」兩層面的側重程度；但究底來說，雙方皆是在「工夫心」的內涵下實踐的，因此這種細微差異，若說是「本源」不同而有之亦可，然而也無所謂「衝突」或「矛盾」，故筆者說「本源」對「工夫心」影響甚小。

（三）「工夫心」並非由「條目」可限制——弱化「條目」之異

　　實踐的「條目」如《大學》所舉之「八目」，朱子視為重要的「為學次第」以作為實踐參考路線。而陸、王工夫易簡，不重視「條目」且弱化「次第」，皆以「本」出發則是。朱、陸二人曾對實踐條目的易簡與否產生爭論，陽明

〔註68〕《朱子語類》〈論語十五・雍也第四〉卷三十三，頁844。
〔註69〕《朱子語類》〈孟子二・公孫丑上之上〉卷五十二，頁1263。

亦曾批評朱子此類問題。此類議題筆者前諸章以談論過，此小節欲說明若以
「工夫心」的談論來看，實踐的「條目」或是「易簡工夫」的問題亦可得解。

1、象山、陽明並非否定有關「條目」的參考價值

朱子對工夫或實踐的強調，謹守《大學》的路線作爲學者之重要參考，
此不待言。而陸、王對此種「爲學次第」或「實踐的條目」雖然時常反對其
僵化的遵守，但也不是說「條目」或「爲學次第」對象山、陽明而言毫無價
值。陸、王欲點出的重點是「本心」或「良知」發顯的實踐，因此不應執著
於「一定次第」或「條目」上來說；例如，陽明曾云：

> 節目時變，聖人夫豈不知？**但不專以此爲學**。而其所謂學者，正惟
> 致其良知，以精察此心之天理，而與後世之學不同耳……。夫良知
> 之於節目時變，猶規矩尺度之於方圓長短也。**節目時變之不可預定，**
> 猶方圓長短之不可勝窮也。故規矩誠立，則不可欺以方圓，而天下
> 之方圓不可勝用矣；尺度誠陳，則不可欺以長短，而天下之長短不
> 可勝用矣；良知誠致，則不可欺以節目時變，而**天下之節目時變不**
> **可勝應矣**。毫釐千里之謬，不於吾心良知一念之微而察之，亦將何
> 所用其學乎？是不以規矩而欲定天下之方圓，不以尺度而欲盡天下
> 之長短，吾見其乖張謬戾，日勞而無成也已。〔註70〕

上述，陽明肯定有許多「節目」而且因時而變，但「節目」之「本」才是最
重要的。若以「良知」作爲根本，則不論有何種「節目時變」均不爲礙。因
此，不能只守「節目時變」爲學，而應以「良知」作爲基礎而應外，此猶如
規矩尺度與方圓長短之關係。此即陽明注意到「節目時變」不可預定，實踐
條目因時有變，因此所謂的「八目」或甚至更多可能之「條目」，不外乎「本」
的延伸來應對即可。陽明持續提醒「吾心良知一念之微」，此乃面對諸多「條
目」時所應具備的前提，也就是「良知發用」上的實踐或格物，此與陽明之
「工夫心」中的「心態」意義又相連結。因此面對他人詢問有關「次第」或
是「條目」等議題時，陽明的回答始終回歸「此心之狀態」是否爲「良知之
發」來回答，曾云：

> 既云：「交養互發、內外本末一以貫之」，則知行並進之說無復可疑矣。
> 又云「工夫次第不能不無先後之差」，無乃自相矛盾已乎？「知食乃

〔註70〕《王陽明全集》〈語錄二〉卷二，頁 49～50。

食」等説，此尤明白易見，但吾子爲近聞障蔽，自不察耳。夫人必有
欲食之心然後知食，欲食之心即是意，即是行之始矣。食味之美惡必
待入口而後知，豈有不待入口而已先知食味之美惡者邪？必有**欲行之
心**然後知路，欲行之心即是意，即是行之始矣。路歧之險夷必待身親
履歷而後知，豈有不待身親履歷而已先知路歧之險夷者邪？「知湯乃
飲」，「知衣乃服」，以此例之，皆無可疑……。〔註71〕

上述乃陽明回答顧東橋之「知行問題」時，顧氏認爲工夫次第應有先後可言；
但陽明仍貫徹他的立論宗旨，認爲必先求「心」而後行，因此外在的「爲學
次第」與諸多「條目」並沒有一定的規則，僅要從「心上求」而後實踐方爲
正確。此說法陽明仍舊在「心上說」以弱化「次第」、「條目」的一致談論模
式。但陽明也不是否定有「次第」，僅是說有此「心態」內存之後即可應物、
實踐，故沒有固定的模式；因此陽明認爲的「次第」並不是「固定的次第」，
其云：

區區「格致誠正」之說，是就學者本心日用事爲間，體究踐履，實
地用功，是多少次第、多少積累在，正與空虛頓悟之說相反。〔註72〕

上述陽明認爲日用之事的切實踐履，內含許多「次第」與實踐的「累積」；因
此這裡的「次第」是從「心」上求得「本」，應物時自然而生的次第。舉例來
說，「良知」發後，以無私之「心態」實踐眾多日用之事，自然有當時的實踐
順序，而這樣實踐之累積即是他所認同的。

　　總括來說，陽明並非否定有所謂的「次第」或「條目」，只是認爲「良知」
發顯之後的實踐才是重點；因此「次第」或「條目」對陽明來說並不是毫無
價值，而是應該更關切面對諸多「條目」時，其關鍵點位於何處。另外，象
山曾說：

爲學有講明，有踐履。《大學》：「致知、格物」，《中庸》：「博學、審
問、慎思、明辨」，《孟子》「始條理者，智之事」；此講明也。《大學》：
「修身、正心」，《中庸》：「篤行之」，《孟子》：「終條理者，聖之事」，
此踐履也……。未嘗學問思辯，而曰吾唯篤行之而已，是冥行也。

〔註73〕

〔註71〕《王陽明全集》〈語錄二〉卷二，頁41～42。
〔註72〕《王陽明全集》〈語錄二〉卷二，頁41。
〔註73〕《陸象山全集》〈與趙詠道二〉卷十二，頁102。

上述，象山指出講明與踐履之事，認為「講明」聖賢留下的實踐方法，故引《大學》、《中庸》、《孟子》文本中有關「條目」與「次第」之相關談論，認為這些內容是需要明確認知的，而紮實的踐履則落在修身、正心、篤行等諸多模式中。因此，實踐中必先學問思辨，理解先賢之「講明」，而後篤行之方為是。

因此，即便象山幾乎以「大方向」來說實踐，對於「講明」等涉及先賢所留下關於「條目」者，如「致知」、「格物」、「博學」、「審問」……等，亦不持反對態度，反認為須理解其中意義。

2、「工夫心」落實在任何「條目」上

筆者認為，不論是朱子所肯定的「為學次第」或是「條目」，還是象山、陽明曾談論的「講明」或「次第」，事實上這些「條目」或「次第」之所以有意義一定是在實踐上說，而且內含「工夫心」時才有意義。

既然「工夫心」是實踐時的最重要關鍵，而所謂的「條目」又沒有一定的規則，而這些聖賢留下重要的參考路線，其實並不是「條目」應該維持「八目」還是更多，或是討論其繁簡的問題。因為，若有「工夫心」內存，不論「條目」有八甚至更多或是易簡，事實上都不相違背。因為筆者一貫的論中，所引朱子、象山、陽明的「工夫心」內涵，都緊扣任何一種可能的實踐條目。而有「工夫心」此種前提，「條目」或「次第」為何、應多或易簡，則無所謂的衝突了。

三、以「工夫心」總結朱陸王之「同」的內涵

（一）「工夫心」是三人對「實踐時」的同等堅持

象山、陽明因注重「本」的自然發用，故一旦發用時，此「心之狀態」甚明，即有「合理」之意涵，故應物自然得當而工夫易簡，不須強調有關「條目」或「次第」之問題；另方面，也因此種「心態」與「本」相連，故在強調「意志」上的操作對比於朱子來說較少，但仍有側重「意志」者，僅是比重上之不同而已。因此，即便象山亦有談及類似「意志」上之操作，但其論學都以「大方向」為主，對於細節亦點到而已，並沒有以「意志上的強制」作為主要工夫。

另方面，筆者探究中發現朱、陸、王三人中，朱子對於「意志上」的操

作說明較多，此乃因三人的論學基礎較爲不同，即所謂實踐時的「本源」立論。若以象山來說，其工夫直接從「本」上發用來說，因此他認爲的「本心」僅從「本源」上強調即可自然流露，而此流露即天理，因此他不多作類似「強制」或「要求」上的操作。

而陽明論述重視「本」則與象山類似，但他說的較爲仔細，除了說明從「良知」上的發用之自然，並且重視「意念上」的發動處之善惡，故相較於象山有較多在「意志上」作工夫者，而這是筆者認爲陽明較爲細膩的地方。

若就朱子之談論來講，則頗重視「持敬」、「主一」等關乎「意志」上之操作以求得某種「心之狀態」的穩定持續，且配合實踐與累積來兼談。相較於陸、王兩人，朱子對於此「善心」或「本心」的流露並非陸、王所論的那樣自然易簡；即便流露，則亦需要持續的累積方說「合理」，並非如陸、王之「此本心流露時即天理」，因此朱子常重視「實踐時」若有「非善心」或「非本心」流露的那種克制操作；而這種看似相異的側重，事實上目的與考量的方向皆同，而且皆在「工夫心」的內涵中。

（二）其他之「異」可暫時擱置

既然「工夫心」皆同，而且筆者前文談論此「工夫心」可弱化「本源」與「條目」的差異，而「工夫心」又關切所有實踐層面的內涵；如此一來，朱、陸、王其他層面的「異」則屬「非直接關於實踐上」層面的問題。而此類之「異」，即有關三人各自的立論、體會，以及思想上的創見，或是涉及形上旨趣等議題。

筆者並非認爲「其他層面的異」不重要，但緊扣「實踐層面」上來說「同」，乃認爲此脈絡的談論與孔子所關切的議題最爲緊密，因此朱、陸、王三人思想中涉及宇宙論、生成、天人關係……等層面的「相異」現象，並非本文所處理者。再者，這些「其他層面」的「異」，筆者認爲亦無法求「同」，而且也不必要求「同」。因爲成聖之路的關鍵點在「實踐層面」，此乃儒者最重視之問題，而「工夫心」緊扣此點，這方面的「同」才是較重要的，故筆者認爲「其他層面之異」可暫時擱置。

第六章 結 論

一、《朱子晚年定論》之總結

《定論》經由筆者之分析、分類,且配合考據對照朱子早、中、晚年思想之後,則依此總結《定論》;簡述如下。

(一)「同」的內容是儒者共識,但細節上非「同」

筆者於第二章中,歸結出陽明所舉出的三個「同」之要點:「去支離、立本源」、「涵養未發、側重良心發端處」、「承繼孟子之『本心』說法」。而此三個方向,筆者認為是儒家學者的共識。

而《定論》所指出的儒者共識內涵,是否在細節上即如陽明所說?事實上朱子的確有陽明所宣稱的思維,甚至有「悔悟」之過程,但細節上朱子仍然與陽明的諸多思想並非等同。因此筆者在細節上的探究中,陽明以上述三個「同」的方向來說「心理合一」求「朱王同」,事實上是「含混地說同」。延伸來說,此乃陽明論述「同」時未注意細節上的差異,而有著刻意說「同」的傾向。

(二)「同」的範圍須界定清楚,避免混淆「同」的內涵

陽明對「同」的範圍未界定清楚,且忽略朱子其他的談論並非「同於陽明自身」,因此在他的提出「朱子晚年」之「定論」且「同於己」時,事實上已經先疏漏一處;此乃「同於己」之內容或範圍必須說明清楚,否則會令人認為陽明之「同於己」說乃指稱「全同」。另方面,筆者認為陽明也無法解決自身晚年立論特色中,與朱子思想相異的層面。雖然筆者曾替陽明釐清楚「同」

的範圍，但這也反應出是在「某範圍」內說「同」方可行，朱子晚年思想並非全如陽明所言的那些內容而已，而陽明思想的全部內容也非《定論》所指出的內容所能囊括。

（三）「為求思想上的同」而導致「年代」的細節上出現錯誤

《定論》中年代問題筆者於第二章、第三章分別有談論到，而這涉及了取材問題與詮釋問題。筆者於第四章談論朱子各時期思想時，釐清出陽明所說的「同」事實上在朱子中年出現過，甚至早年已有端倪。而陽明刻意以「晚年」作為「定論」乃因「晚年」出現相對較多，而這樣的「晚年定論」在細節上來說有著取材偏頗，即刻意取「朱子晚年」而不取「中早年」之思想來說「同於己」。

筆者在文中亦強調過，事實上《定論》所宣稱的「朱子晚年思想」也包含朱子中年的思想，此可說明陽明所欲談論的重點是「思想上的同」而非「晚年」，但陽明硬以「晚年」作「定論」則節外生枝。因為陽明可直接點出「朱王同」的內容即可，如此一來取材可選擇「非僅限於晚年」的材料來論述；但陽明始終以「晚年定論」作為立論，因此造成這種在取材方面忽略「年代」是否為「晚年」的問題。

二、「朱陸異同」的相關問題與總結

（一）「同」的範圍界定是關鍵

筆者第三章中所舉諸多談論「朱陸異同」或云「朱王異同」最大的問題，在於沒有人以精細的「思想上」分類來述說「同」或「異」，頂多只是論述部分層面而來說「同」或「異」，但整體現象即是「無精細的思想上分類」，沒有將「同」的範圍先界定清楚再來說「同」或「異」，造成調和者與反調和者各自「取同」與「取異」的明顯事實，來作為爭議的籌碼。因此，「同」或「異」在「思想範圍」上必須先界定清楚，筆者認為此步驟對於處理「朱陸異同爭論史」是相當重要的一個要件。

另方面，筆者認為若界定出可談論「同」的範圍，自然可對應其「早晚」之「同異」的立論；也就是說，假設談論「工夫上」或「非關於形上旨趣」的思想內容來說「同」時，必須從雙方的「所有年代的談論」來取材，進而界定出「早、中、晚」年是否曾經出現「同」的內容，再來判斷哪個時期的

「同」或「異」的狀況如何，而後方能述說其中的「同異」現象是否可以「早、中、晚」來作爲分界；而筆者這樣的立論方式，事實上也同樣使用於「爭論史」中問題的釐清。

（二）爭論史中的問題與釐清

筆者於第三章談論「朱陸異同爭論史」時提出四個問題歸結，並依此作爲解決問題的方向：

1、朱陸異同議題不可以「全同全異」來概括論述。

2、確切的「晚年」定位，則無法兼顧朱子「中年」甚至「早年」曾出現的思想卻也同於「晚年」的思想內容。

3、從雙方的取材中，找尋出爭議的要點，重新回到朱、陸、王的思想上作釐清。

4、釐清「詮釋」與「取材」問題之後，則同時能清楚釐清何人何時的談論，是涉及門戶、政治問題所產生的論述。

上述四個問題歸結，透露出筆者的解決方向，其中 1、2、3 分別與「同」的範圍界定有緊密關聯，而且更需要談論其中的「爭議點」，也就是「相異」的內容。而這部分則在第四章中談論「朱、陸、王」三人的精要定位之後已可釐清，並可同時解決問題 4 的內容。因爲問題 4 是較特殊的延伸問題，涉及門戶之見、詮釋問題，因此在第四章中衡定出三人的思想內容後，對於爭論史中何人有著門戶之見，是否有錯誤詮釋或是刻意批評等現象，自然可一併釐清之。

既然筆者認爲論述「同」必須在某範圍內來談，就上述 1 至 4 點中得出解決方向，則於第四章詳細談論且衡定朱、陸、王三人的思想精要之後，可得出一定的釐清效果。另方面於第五章中採取筆者自身界定「同」的範圍；此即以「工夫心」說「同」的內涵。

三、「工夫心」所說的「同」

談論「朱陸異同」或「朱王異同」問題，筆者已強調過必須在「某範圍」下來談，也就是以分類的方式配合內文的分析來作出談論。而第五章談論之「工夫心」乃回歸孔子的立論核心，將範圍設定在「實踐層面」上，排除過多的形上旨趣，以「作工夫」時的談論範圍內來求「同」。其中細節包含「作

工夫」時的「心態」與「意志」兩層面的論述，以及列舉出朱、陸、王三人的「工夫心」內容，而後以「工夫心」的談論此弱化「本源」與「條目」的相異。而這樣的論述，則有兩個延伸狀況如下。

（一）有限制的說「同」

既然以「工夫心」來論述「同」，自然「同」的論述非「全同」。但筆者於第五章已曾論述，此「工夫心」的內容雖然是「某範圍內」的「同」，卻應是儒者最須重視的內涵，且符合孔子最關心的議題；即便「工夫心」談論「同」有限制而只在「某範圍內」，但對筆者來說卻是最重要的「同」。

（二）容許其他層面的「異」

既然筆者認為「工夫心」所呈顯出的「同」是儒者最重要的內涵，故其他層面的「異」對筆者而言並非最為關鍵或重要。第五章中，筆者於第一節論述有關形上旨趣或個人體驗創見、理論完整性等方面，認為此層面問題並非直接關聯於孔子最重視的內涵，而此部分的「異」筆者亦於文中論述不需要求其「同」的原因，而且也認為無法求「同」。重要的是，筆者認為若能在「工夫心」的內涵之下論述「實踐」，以求成聖賢之理想並回歸孔子的側重點，其他層面若仍「相異」，筆者認為不妨礙於朱、陸、王三人的儒者定位，亦無所謂「衝突」可言。

四、本文研究的意義與限制

透過對《定論》之相關探究與評價後，並以「工夫心」作為「朱陸王異同」之判斷方式，其中的內容意義何在、限制為何，則於此小節中反省之。

（一）《定論》與「朱陸異同爭論史」的釐清有助於理解當時學者的問題

《定論》或是「朱陸異同爭論史」中的諸多著作，筆者曾歸類出幾個問題方向，此不外乎「考據」、「詮釋」、「門戶之見」等方面。而調和者與反調和者雙方並非全無調和或是批判效力，只因其中細節問題並未解決而已。而《定論》與「爭論史」分別在第二章與第三章詳細談論之，並於第四章再次定位朱、陸、王三人的核心談論之後，筆者即可釐清《定論》與「爭論史中」諸多談論中的問題點，並得知其合理程度為何。

（二）「工夫心」是一個新的「求同」基點

　　筆者於第五章論述中聚焦於「實踐層面」論述朱、陸、王三人之「同」，且以「工夫心」的談論來作為「同」的可能，並將「性善」或「天理」等涉及「本源」（心即理、性即理）的立論中關乎形上旨趣層面的意義加以暫時排除，而僅關切「本源」在「實踐層面」中的影響。該章筆者論述朱、陸、王三人皆重視「工夫心」的「心態」與「意志」，且貫徹於所有的實踐中，依此論述出在「實踐層面」中的「本源」與「條目」，在「工夫心」的談論中亦可求得「無衝突」的內涵。

（三）「工夫心」以外的「異」筆者無法求同

　　本文談論的限制則屬「工夫心」以外的內容；所謂「工夫心」以外者，乃屬朱、陸、王關於形上旨趣、個人體驗或創見等相關議題。雖然「天理」或「性善」等內涵在實踐中有著一定的作用，且朱、陸、王三人皆同樣肯定之，但其中更有形上旨趣層面等個人體驗問題。即便筆者以「工夫心」的談論將「性善」或「天理」等義涵關切在「實踐層面」中，但儒者談論實踐的內容時，確實有些過程難以切割關聯於「性善」或「天理」所涉及的「形上旨趣」。因此「工夫心」的談論僅能「弱化」朱、陸、王對「天理」或「性善」產生的本源立論（心即理、性即理）在「實踐中」的衝突性，至於「天理」或「性善」之相關論述且偏向「形上旨趣」的談論內容，因筆者能力不足實無法一併處理。筆者認為，雖然「工夫心」以外的層面保留原本的「異」亦非不可行，但「工夫心」以外的談論，例如單純的論說「形上旨趣」或形上層面的體驗或立論，卻常出現在朱子的思想中且與陸、王相異，因此本文之研究無法解決此面向之問題，實乃才粗學淺所導致，希望他日可針對此方面議題貢獻棉薄之力。

參考文獻

一、原　典

1. 程頤、程顥：《二程全書》，臺北：臺灣中華書局，民國 75 年 8 月臺四版。
2. 張載：《張載集》，臺北：頂淵文化，2004 年 3 月初版一刷。
3. 陸象山：《陸象山全集》，臺北：世界書局，民國 63 年 5 月三版。
4. 蘇軾：《東坡易傳》《文淵閣四庫全書》，臺北：臺灣商務印書館，民國 72 年版。
5. 張九成：《中庸說》，臺北：臺灣商務印書館，民國 65 年版。
6. 朱熹：《朱子文集》，臺北：德富文教基金會，民國 89 年 2 月。
7. 朱熹：《朱子語類》，臺北：文津出版社，民國 75 年 2 月。
8. 朱熹：《朱子遺書》，臺北：藝文印書館，民國 58 年 5 月初版。
9. 朱熹：《四書集註》，臺北：頂淵文化，民國 94 年 3 月初版一刷。
10. 張栻：《張栻全集》，長春市：長春出版社，1999 年第一版。
11. 詹初：《寒松閣集》《文淵閣四庫全書》，集部，別集類，臺北：臺灣商務印書館，民國 72 年 7 月初版。
12. 蘇軾：《東坡易傳》《文淵閣四庫全書》，經部一，易類，第九冊，臺灣：臺灣商務印書館，民國 73 年 3 月初版。
13. 張九成：《中庸說》《四部叢刊三編》，臺北：臺灣商務印書館。
14. 王陽明：《王陽明全集》，上海：上海古籍出版社，2006 年 4 月第一版五刷。
15. 羅欽順：《困知記》《文淵閣四庫全書》，子部，儒家類。
16. 黃宗羲：《宋元學案》，臺北：河洛出版社，國民六十五年三月初版。

17. 黃宗羲：《明儒學案》，臺北：里仁書局，民國 76 年 4 月。

18. 真德秀：《西山文集》《文淵閣四庫全書》，集部，別集類，臺北：臺灣商務印書館，民國 75 年 7 月初版。

19. 許衡：《魯齋遺書》《文淵閣四庫全書》，臺北：臺灣商務印書館，民國 72 年 7 月初版。

20. 虞集：《虞集全集》，天津：天津古籍出版社，2007 年 4 月第一版。

21. 吳澄：《吳文正集》《文淵閣四庫全書》，集部，臺北：臺灣商務印書館，民國 75 年 7 月初版。

22. 鄭玉：《師山集》《文淵閣四庫全書》，集部，別集類，第一五六冊，臺北：臺灣商務印書館，民國 72 年。

23. 趙汸：《東山存稿》《文淵閣四庫全書》，集部，別集類，臺北：台灣商務印書館，民國 72 年。

24. 顧憲成：《小心齋劄記》，臺北：廣文書局，民國 64 年版。

25. 顧憲成：《涇皐藏搞》《文淵閣四庫全書》，臺北：臺灣商務，民國 75 年初版。

26. 高攀龍：《高子遺書》《文淵閣四庫全書》，集部，別集類，臺北：臺灣商務印書館，民國 72 年。

27. 吳光主編：《劉宗周全集》，杭州：浙江古籍出版社，2007 年 4 月第一版一刷。

28. 程瞳：《閑辟錄》《四庫全書存目叢書》，子部，儒家類，第七冊，臺南：莊嚴文化事業，1995 年九月初版一刷。

29. 馮柯：《貞白五書》《叢書集成續編》，集部，第一百七十冊，上海：上海書店，1994 年版。

30. 金賁亨：《台學源流》《四庫全書存目叢書》，史部，第九十冊，臺南：莊嚴文化事業，1996 年八月初版一刷。

31. 季本：《說理會編》《四庫全書存目叢書》，子部，儒家類，第九冊，臺南：莊嚴文化事業，1995 年九月初版一刷。

32. 孫奇逢：《夏峰先生集》，北京：中華書局，2004 年 7 月第一版第一刷。

33. 孫承澤：《考正晚年定論》《四庫全書存目叢書補編》，第九十五冊，濟南市：齊魯書社，2001 年版。

34. 顧炎武著，黃汝成集釋：《日知錄集釋》，上海，上海古籍出版社，2006 年 12 月第一版一刷。

35. 張烈：《王學質疑》，臺北：廣文書局，民國 71 年 8 月初版。

36. 陸世儀：《思辨錄輯要》《文淵閣四庫全書》，子部，儒家類，第七百二十四冊，臺灣：臺灣商務印書館，民國 73 年 3 月初版。

37. 陸世儀：《論學酬答》《小石山房叢書》，臺北：藝文印書館，民國 60 年 10 月。

38. 陸隴其：《陸稼書先生文集》，北京：中華書局，1985 年北京新一版。

39. 陸隴其：《陸稼書先生問學錄》《四庫全書存目叢書》，子部，儒家類，第二十二冊，臺南：莊嚴文化事業，1995 年九月初版一刷。

40. 邵廷采：《思復堂文集》《叢書集成續編》，第一百九十冊，臺北：新文豐出版公司，民國 78 年 7 月台一版。

41. 熊賜履：《閑道錄》《四庫全書存目叢書》，子部，儒家類，第二十二冊，臺南：莊嚴文化事業，1995 年初版一刷。

42. 熊賜履：《學統》《孔子文化大全》，濟南：山東友誼書社，1990 年 9 月第一版一刷。

43. 湯斌著，范志亭等輯校：《湯斌集》，鄭州：中州古籍出版社，2003 年 10 月第一版。

44. 費密：《弘道書》《續修四庫全書》，上海：上海古籍出版社，2003 年五月第一版。

45. 章學誠：《文史通義》，臺北：國史研究室，民國 62 年 11 月重印三版。

46. 羅澤南：《姚江學辨》《續修四庫全書》，上海：上海古籍出版社。

47. 羅澤南：《羅忠節公遺集》，臺北縣永和：文海出版社，民國 56 年臺初版。

48. 唐鑑：《國朝學案小識》，臺北：臺灣中華書局，民國 60 年 2 月臺二版。

49. 夏炘：《述朱質疑》，《景紫堂全書》，臺北：藝文，民國 58 年版。

50. 王成儒點校，許衡著：《許衡集》，北京：東方出版社，2007 年 5 月第一版。

51. 吳長庚：《朱陸學術考辨五種》，江西：江西高校出版社，2000 年 10 月初版。

52. 徐世昌等編纂：《清儒學案》，北京，中華書局，2008 年 10 月第一版一刷。

二、專　書

1. 傅斯年：《性命古訓辨證》，臺北：新文豐出版社，民國 71 年 7 月台一版。

2. 楊家駱：《歷代人物年里通譜》，臺北：世界書局，民國 52 年 1 月初版。

3. 錢穆：《中國學術思想始論叢（五）》，臺北：東大書局，民國 80 年 8 月初版二刷。

4. 錢穆：《中國學術思想始論叢（六）》，臺北：東大書局，民國 82 年 12 月三版。

5. 錢穆：《中國學術思想始論叢（七）》，臺北：東大書局，民國 82 年 12 月

三版。

6. 錢穆：《朱子新學案（一）》《錢賓四先生全集》，臺北：聯經出版社，民國 84 年。

7. 錢穆：《朱子新學案（二）》《錢賓四先生全集》，臺北：聯經出版社，民國 84 年。

8. 錢穆：《朱子新學案（三）》《錢賓四先生全集》，臺北：聯經出版社，民國 84 年。

9. 錢穆：《中國近三百年學術史（一）》《錢賓四先生全集》，臺北：聯經出版社，民國 84 年。

10. 錢穆：《中國近三百年學術史（二）》《錢賓四先生全集》，臺北：聯經出版社，民國 84 年。

11. 束景南：《朱熹年譜長編》，上海：華東師範大學出版社，2001 年 9 月 1 版 1 刷。

12. 束景南：《朱子大傳》，北京：商務印書館，2003 年 4 月 1 版。

13. 陳來：《朱子書信編年考証》，上海：上海人民出版社，1989 年 4 月 1 版。

14. 陳來：《朱熹哲學研究》，臺北：文津出版社，民國 79 年 12 月初版。

15. 梁啟超、王恩洋：《歷朝學案拾遺》，北京：北京圖書館，2004 年。

16. 閻韜：《困知記全譯》，成都：巴蜀書社出版，2000 年 3 月 1 版。

17. 袁冀：《元吳草蘆評述》，臺北：文史哲出版社，民國 67 年 1 月初版。

18. 陳榮捷：《朱學論集》，臺北：臺灣學生書局，民國 77 年 4 月再版。

19. 陳榮捷：《朱子新探索》，臺北：臺灣學生書局，民國 77 年 4 月初版。

20. 牟宗三：《從陸象山到劉蕺山》，臺北：臺灣學生書局，民國 82 年 3 月再版三刷。

21. 牟宗三：《心體與性體（一）》，臺北：正中書局，民國 97 年 1 月。

22. 牟宗三：《心體與性體（二）》，臺北：正中書局，民國 97 年 1 月。

23. 牟宗三：《心體與性體（三）》，臺北：正中書局，民國 97 年 1 月。

24. 牟宗三：《宋明哲學的問題與發展》，臺北：聯經出版社，民國 92 年 7 月初版。

25. 劉述先：《朱子哲學思想的發展與完成》，臺北：台灣學生書局，民國 73 年再版。

26. 唐君毅：《中國哲學原論·原教篇》，香港：新亞研究所，民國 64 年版。

27. 唐君毅：《中國哲學原論·原性篇》，臺北：臺灣學生書局，民國 80 年版。

28. 徐復觀：《中國思想史論集》，臺北：台灣學生書局，民國 77 年版。

29. 勞思光：《新編中國哲學史（一）》，臺北：三民書局，民國 82 年 10 月七

版。

30. 勞思光：《新編中國哲學史（二）》，臺北：三民書局，民國 88 年 2 月九版。

31. 勞思光：《新編中國哲學史（三上）》，臺北：三民書局，民國 86 年 6 月八版。

32. 勞思光：《新編中國哲學史（三下）》，臺北：三民書局，民國 93 年 10 月二版二刷。

33. 余英時：《朱熹的歷史世界》，北京：生活・讀書・新知三聯書店，2004 年第一版。

34. 高令印：《朱熹事迹考》，上海：上海人民出版社，1987 年第一版。

35. 張炳陽：《從自然到自由——以《莊子・養生主》爲核心的考察》，臺中縣：明目文化，民國 92 年初版。

36. 王素美：《許衡的理學思想與文學》，北京：人民出版社，2007 年第一版。

37. 岡田武彥著，吳光等譯：《王陽明與明末儒學》，上海，上海古籍出版社，2000 年第一版。

38. 史革新：《清代理學史（上卷）》，廣州：廣東教育出版社，2007 年 1 月第一版。

39. 李凡：《清代理學史（中卷）》，廣州：廣東教育出版社，2007 年 1 月第一版。

40. 張昭軍：《清代理學史（下卷）》，廣州：廣東教育出版社，2007 年 1 月第一版。

41. 孟淑慧：《朱熹及其門人的教化理念與實踐》，臺北：國立臺灣大學文學院，民國 92 年初版。

42. 歐陽炯：《呂本中研究》，臺北：文史哲出版社，民國 81 年初版。

43. 鄧克銘：《張九成思想之研究》，臺北：東初出版社，民國 79 年初版。

44. 安樂哲、羅思文著，余瑾譯：《《論語》的哲學詮釋》，北京：中國社會科學出版社，2003 年 3 月第一版。

45. 郝大維、安樂哲著，蔣弋爲、李志林譯：《孔子哲學思維》，江蘇：江蘇人民出版社，1996 年 9 月第一版第一刷。

46. David L. Hall, Roger T. Ames. *Thinking through Confucius*. Albany : State University of New York Press, c1987.

47. Kwong-loi Shun. *Mencius and Early Chinese Thought*. Stanford, Calif. : Stanford University Press, 1997.

三、學位論文

1. 洪淑芬：〈陸世儀學術思想研究〉，臺北：臺灣大學中國文學研究所博士論

文，1997。

四、期　刊

1. 張永儁：〈清代朱子學的歷史處境及其發展〉《哲學與文化》，第二十八卷第七期（2001）：606～628。

2. 曾春海：〈評束景南著《朱熹年譜長編》〉《哲學與文化》，第二十九卷第七期（2002）：667～671。

3. 杜保瑞：〈朱熹哲學研究進路〉《哲學與文化》，第三十二卷第七期（2005）：92～109。

4. 林月惠：〈非《傳習錄》：馮柯《求是編》析評〉《中國文哲研究所集刊》，第十六期（2000）：375～450。

5. 李紀祥：〈理學世界中的「歷史」與「存在」：「朱子晚年」與《朱子晚年定論》〉《佛光人文社會學刊》，第四期（2003）：32～72。

6. 蔣義斌：〈朱熹排佛與參究中和的經過〉《東方宗教研究》，第一期（1987）：145～167。

7. 王崇峻：〈從李紱的罷黜看雍正帝的政治目的〉《興大歷史學報》，第十七期（2006）：431～456。

8. 何澤恆：〈孔子與易傳相關問題覆議〉《臺大中文學報》，第十二期（2000）：頁5～55。

9. 許宗興：〈孔子「本性論」研究方法芻議〉《國文學報》，第八期，頁215～239。

附錄一　朱陸異同爭論史概略

年代編號	作者與書（篇）名	主　要　立　論	備　　註
宋1	詹初（生卒年不詳，爲黃榦之講友，字以元）	朱子是箇有工夫底人，陸子是箇天資極高底人。陸子惟他天資高，所以一覺便見道，再不待到事物上去尋。他心上本來底已明，則萬物萬事之理皆在其中，其於事事物物不過以吾心之理應之耳。朱子卻似曾子，是隨事精察，力行到一旦豁然貫通時候，乃悟一貫之妙……。可見二公之論不同者，乃是二公資質不同，各就其所得者而言也。就各人資質用功所以有敏鈍之異，然至其俱能入道處，則又是一般。陸子自知覺上盡見得底，固此道。朱子自事物上窮究至貫通處，亦是此道；所謂及其成功，則一也。然學者用功，若是資質至高底，固應學陸子，若是尋常學者，祇當傍朱子作工夫爲是。〔註1〕	以「資質」之說來解釋朱陸對工夫與爲學次第立論相異是合理的。而兩人之目標一致，且看個人之資質而定其工夫。
宋2	眞德秀（1178～1235，字景元）〔註2〕	蓋窮理以此心爲主，必須以敬自持，使心有主宰，無私意邪念之紛擾，然後有以爲窮理之基。本心既有所主宰矣，又須事事物物各窮其理……。不知窮理，則此心雖清明虛靜，又只是箇空蕩蕩底物事，而無許多義理以爲之主。其於應事接物必不能皆當……。〔註3〕	強調「本心」之基礎與「對象」事物間的綜合；於格物窮理時，不偏頗「本」與「事理」兩者。

〔註1〕《寒松閣集》卷二，12。

〔註2〕眞德秀生卒年參考楊家駱：《歷代人物年里通譜》（臺北：世界書局，民國52年1月初版），頁331。

〔註3〕《西山文集（上）》〈問學問思辨乃窮理工夫〉卷三十，頁10～11。

元3	許衡（1209～1281，字仲平，號魯齋）〔註4〕	致，是推極的意思，知，是知識。若要誠實心之所發，必先推極本心之知識……。格字，解作至字，物，是事物。若要推極本心的知識，又在窮究天下事物之理，直到那至極處，不可有一些不到，所以說「致知在格物」……。人於天下事物之理，既窮究到之至極處，然後本心的知識無一些不盡矣……。〔註5〕	對於朱子之論「格物」、象山之重「本心」之說均有吸收；以自身之理論詮釋《大學》，內涵頗有調和傾向。
元4	吳澄（1249～1333字幼清，號草廬）〔註6〕	朱陸二師之爲教，一也，而二家庸劣之門人，各力標榜，互相詆訾至於今，學者猶惑……。書之所言，我之所固有，實用其力，明之於心，誠之於身，非但讀誦講說，其文辭義理而已。此朱子之所以教，亦陸子之所以教也……。〔註7〕	立論強調朱陸之同，認爲朱陸相異乃因門戶之見所導致。
元5	虞集（1272～1348，字伯生，號邵庵，又號道園）〔註8〕	(1) 陸先生之興，與朱子相望於一時，蓋天運也。其於聖人之道，互有發明……。子常生朱子之鄉，而又有得於陸氏之說，其答斯問也於前述君子既已各極其所蘊，而於二家之所以成己而教人者，反覆究竟，尤爲明白……。〔註9〕 (2) 蓋先生嘗爲學者言嘗爲學者言：「朱子道問學工夫多，陸子靜却以尊德性爲主。問學不本於德性，則其弊偏於語言。訓釋之末，果如陸子靜所言矣。今學者當以尊德性爲本。」庶幾得之，議者遂以先生爲陸學，非許氏尊信朱子之義然。爲之辭耳，初亦莫知朱、陸之爲何如也。〔註10〕	認爲朱、陸二人皆發揚聖人之道，且認爲道問學應內存「尊德行」爲前提。
元6	鄭玉（1298～1358，字子美）〔註11〕	兩家學者各尊所聞、各行所知，今二百餘年卒未能有同之者。以予觀之，	承認朱陸二人之問學方式之

〔註4〕 許衡生卒年參考楊家駱：《歷代人物年里通譜》，頁344。
〔註5〕 許衡：《許衡集》卷四，頁68。
〔註6〕 吳澄生卒年參考楊家駱：《歷代人物年里通譜》，頁365。
〔註7〕 《吳文正集（上）》〈送陳洪範序〉卷二十七，頁290。
〔註8〕 虞集生平參考《虞集全集》〈前言〉，頁1。
〔註9〕 《東山存稿》〈對問江右六君子策〉卷二，頁193。
〔註10〕 《虞集全集》〈故翰林學士、資善大夫、知制誥同修國史臨川先生吳公行狀〉，頁862。
〔註11〕 鄭玉生卒年參考楊家駱：《歷代人物年里通譜》，頁388。

		陸子之質高明，故好易簡；朱子之質篤實，故好邃密。蓋各因其質之所近而學焉，故所入之途有不同爾。及其至也，三綱五常、仁義道德，豈有不同者哉？況同是堯舜，同非桀紂，同尊周孔，同排釋老，同以天理為公，同以人欲為私，大本達道，無有不同者乎？後之學者，不求其所以同，惟求其所以異……。二家之學亦各不能無弊焉……。然豈二先生立言垂教之罪哉？蓋後之學者之流弊云爾！〔註12〕	不同，但核心取向則同之，不應突顯相異而需求同。
元7	趙汸（1319～1369，字子常）〔註13〕著〈對問江右六君子策〉	子朱子之答項平甫也，其言曰：「自子思以來，教人之法，惟以尊德行、道問學為用力之要。陸子靜所說，專是尊德行事，而熹平日所論，卻是道問學上多了。今當反身用力，去短集長，庶不墮一偏也。」觀乎此言，朱子進德之序可見矣。陸先生之祭呂伯恭也，其言曰：「追惟曩昔，粗心浮氣，徒致參辰，豈足酬義？」觀乎斯言，則先生克己之勇可知矣……。〔註14〕	強調朱、陸各自之學均有所新悟，而論述二人有其「同」。
明8	程敏政（1445～1499，字克勤，號篁墩）〔註15〕著《道一編》	(1) 朱陸二氏之學，始異而終同。〔註16〕 (2) 象山之書未嘗不教其徒以讀書窮理……。晦庵之學，則主「敬」以立其本，而晚年惓惓於涵養本原……。是故同宗孔孟，同繼周程，其道一也，其心一也，歧而二之，可乎？〔註17〕	首部專著以書信之內容為引據，調和朱陸二人之思想，說明「始異終同」。
明9	程瞳（生卒年不詳，字啓暾，號莪山）著《閑闢錄》	昔我新安夫子，倡明聖學於天下時，則有陸氏兄弟、浙之呂陳，亦各以其學並馳爭騖而號於世。陸則過高而淪於空虛，浙則外馳而溺於卑陋。夫子懼其誣民，而充仁義也，乃斥空虛者為異端、為禪學、為佛老；卑陋者為俗學、為功	強烈支持朱子之學，認為陸王乃空虛之學；應以朱子之學為正統。

〔註12〕《師山文集》〈送萬子熙之武昌學錄序〉卷三，頁 25。
〔註13〕趙汸生卒年參考楊家駱：《歷代人物年里通譜》，頁 395。
〔註14〕《東山存稿》〈對問江右六君子策〉卷二，頁 192。
〔註15〕程敏政生卒年參考《道一編》，頁 107。
〔註16〕《道一編・序》，頁 9。
〔註17〕《道一編・後序》，頁 80。

		利、爲管商。辭而闢之，以閑聖道而正人心焉。〔註 18〕	
明 10	王陽明（1472～1528，字伯安）〔註 19〕著《朱子晚年定論》	（1）晚歲固已大悟舊說之非，痛悔極艾……。世之所傳《集註》、《或問》之類，乃其中年未定之說，自咎以爲舊本之誤，思改正而未及。〔註 20〕 （2）予既自幸其說之不繆於朱子，又喜朱子之先得我心之同然，且慨夫世之學者徒守朱子中年未定之說，而不復知求其晚歲既悟之論，競相呶呶，以亂正學……。〔註 21〕	以朱子晚年之書信內容，述說朱子同於己；造成極大影響與反動。
明 11	金賁亨（1483～1564，字汝白）〔註 22〕著《台學源流》	夫竊謂晦庵先生道德學問夙爲時宗，而捨己從人恒若夫及，如聞延平須是理會分殊之語，則自以好同惡異，喜大恥小爲非。及悟明道存久自明，何待窮索，與夫不得以天下萬物撓己之語，又謂向來太涉支離，不若然默會諸心以立其本而言之……。其與象山先生先異後同，則昔人辨之明矣。吾邦諸賢學力所至深淺固殊，樞趨異時，領略自別，乃若相與求爲聖賢之心，則固無間也。〔註 23〕	以類似學案的方式，敘述多人思想後加以評論；其中評論內容則突顯朱陸二人之同，且重視朱子晚年對支離方面之改正。
明 12	季本（1485～1563，字明德，號彭山）〔註 24〕著《說理會編》	晦庵之志，欲繼往聖開來學，是何等氣魄。其所論述，皆明德新民之實學類，非無用之空言……。雖其論致知以讀書講學爲第一義，爲陸象山之所短，然效先覺之所爲，以明善復初，則固以開明其心也……。象山則從本體上擴充，可以直超上達，然亦不廢文字也。至其立心制行之誠，則皆無可議焉。故浙東之	認爲朱陸二人之學各有所長，且認爲象山與朱子並非相背離而互有稱道。

〔註 18〕《閑闢錄・序》，頁 201。

〔註 19〕《王陽明全集》〈年譜一〉卷三十三，頁 1220 記載陽明生於憲宗成化八年壬辰（1472 年）。而〈年譜三〉卷三十五，頁 1324 記載陽明卒於嘉靖七年戊子（1528 年）。

〔註 20〕《朱子晚年定論・序》《王陽明全集》，頁 128。

〔註 21〕《朱子晚年定論・序》《王陽明全集》，頁 128。

〔註 22〕金賁亨生卒年參考楊家駱：《歷代人物年里通譜》，頁 443。

〔註 23〕《台學源流》卷三，頁 13

〔註 24〕《明儒學案》〈浙中王門學案三〉卷十三，頁 271 記載嘉靖四十二年（1563 年）卒，年七十九，堆得生於年 1485。

		政，象山稱之荊門之治，晦庵善之，不以所見之不合，而遂相非毀此。可見其心誠於爲道，而無所私也。學者當先求其誠意之所在而已矣，豈可妄議哉？〔註25〕	
明 13	陳建（1497～1567，字廷肇，號清瀾）〔註26〕著《學蔀通辨》	有宋象山陸氏者出，假其似以亂吾儒之眞，援儒言以掩佛學之時，于是改頭換面，陽儒陰釋之蔀熾矣。幸而朱子生同于時，深察其弊，而終身力排之，其言昭如也……。〔註27〕	針對陽明《朱子晚年定論》而作，認爲朱陸「早同晚異」，且強烈批評陸子之學。
明 14	馮柯（1523～1601，字子新，號貞白）〔註28〕著《求是編》	（1）夫謂之晚年，必其果出於晚年而後可也。然以今考之，此書之意本出於程篁墩《道一編》，而去取互有得失，年歲互有異同……。〔註29〕 （2）陽明嘗謂：「朱子即物窮理之說，務外遺內，博而寡要，是玩物喪志……。」又謂世儒捨心逐物，將格物之義錯看了……。此數段可見陽明專欲在涵養上用功，而不必講求矣……。然則朱子之說，固得以兼乎陽明，而陽明者，蓋由不知朱子而妄爲之說者也。〔註30〕 （3）蓋尊德行而不道問學，是天上有不識字之神仙，非眞尊德行也；道問學而不尊德行，是聖人果在於多學而識之，非眞道問學也。觀「非存心無以致知」，朱子之學何嘗不從尊德性上來？而陸子後來議論，雖有肯向講學上理會，終不免亦有舊病。〔註31〕	有專述「朱王同異」之述說，批評《朱子晚年定論》陽明取材年代與程敏政《道一編》不一致；且分別批評象山、陽明，並反對易簡工夫，認同朱子之說爲聖學傳統，故朱陸、朱王之學非同。

〔註25〕《說理會編》卷十六，頁9
〔註26〕陳建生卒年參考《學蔀通辨》，頁107。
〔註27〕陳建：《學蔀通辨‧總序》，頁110。
〔註28〕馮柯生卒年參考林月惠：〈非《傳習錄》：馮柯《求是編》〉析評）《中國文哲研究集刊》，第十六期，2003年3月，頁376。
〔註29〕《求是編》《貞白五書》卷四，頁642。
〔註30〕《求是編》《貞白五書》卷三，頁624。
〔註31〕《求是編》《貞白五書》卷三，頁639。

| 明 15 | 來知德（1525～1604，字矣鮮，號瞿塘）〔註32〕著〈心學晦明解〉 | （1）孔子之後，門弟子多者，莫如鄭康成，一時相信者，以爲孔子復生矣。自宋有程、朱，而鄭公之業遂廢，可見天惜聰明，不肯盡歸於一人也。程、朱在宋爲名儒，然《大學》首章頭腦工夫未免差誤，他可知矣。王陽明以《大學》未曾錯簡，又可見天惜聰明，不肯盡歸於一人也。陽明之說是矣，然又以格物之物，認爲事字，教人先於良知，而明德二字，亦依朱子，又不免少差，又可見天惜聰明，不肯盡歸於一人也……。〔註33〕

（2）昨友人致書，以天下義理程、朱說盡，陽明不必議之。將程、朱之註取科第，而復議之，非儒者之用心也。此言蓋爲某而發，非爲陽明也。殊不知理者天下之公理，人人皆能言之，不反復辨論，豈得爲儒？且議者議其理也，非議其人品也。若論程、朱、陽明之人品，俱千載豪傑，泰山北斗，皆某之師範也，豈敢議之？陽明亦未嘗議朱子之人品也，亦議其理而已。使前人言之，後人再不敢言之，則〈墳〉、〈典〉古聖人之書，孔子不敢刪矣，《春秋》列國侯王之史，孔子不必修矣，傳註有前儒，程、朱不可出一言矣。言之者，不得已也……。名儒言之，門徒千人，從而和之，後學晚進，差毫釐而謬千里，所以不得已而辯論也。〔註34〕 | 認爲陽明與程朱之說各有所長；指出陽明對朱子的議論乃針對義理上來作討論，這是可行之事，並非詆毀朱子。 |
| 明 16 | 顧憲成（1550～1612，字叔時，號涇陽）〔註35〕 | （1）今無善無惡之說盈天下，其流毒甚酷，弟不揣僭有推敲正爲高明所笑；丈乃謬有取焉，竊以自信文成自是豪傑，異時尚當從丈面證，今 | 對陽明學的「良知」說仍贊同，但無法接受陽明的「無善無 |

〔註32〕 來知德生卒年參考楊家駱：《歷代人物年里通譜》，頁 458。
〔註33〕 《明儒學案》〈諸儒學案下一〉卷五十三，頁 1286。
〔註34〕 《明儒學案》〈諸儒學案下一〉卷五十三，頁 1287。
〔註35〕 《明儒學案》〈東林學案一〉卷五十八，頁 1378 記載壬子（1612）五月卒，年六十三，堆得生於 1550 年。

		未敢漫爾相復也……。〔註36〕 （2）無聲無臭見以善爲精，而爲之模寫之辭也，眞空也。無善無惡，見以善爲粗，而爲之破除之辭也，影空也。夫豈可以強而附會哉？是故始也，認子作賊；卒也認賊作子，名曰心學，實心學之蠹耳，何者失其宗也……。蓋昔王文成之揭良知，自信易簡直截，可俟百世，委爲不誣而。天泉證道，又獨標無善無惡爲第一諦焉，予竊惟良即善也，善所本有，還其本有；惡所本無，還其本無，是曰自然。夷善爲惡，紲有爲無，不免費安排矣……。〔註37〕	惡」之論，並批評王學末流所造成的學術亂象。
明 17	高攀龍（1562～1626，字云從，號景逸）〔註38〕著〈陽明說辨〉	（1）此何心也，仁也……。格物者，知皆擴而充之，達於其所爲，無不見吾不爲之眞心焉，此之謂格物而致知。故其心之神明，表裏精融，通達無間，而更無一毫人欲之私……。吾所聞程朱格悟致知之說，大略如此也……。〔註39〕 （2）心與理本未嘗不一，非陽明能合一之也……。〔註40〕	批評陽明誤解朱子，贊同心理合一之格物，立場應屬調和。批判陽明誤解朱子，而認爲朱子之工夫與陽明之要求非異。
明 18	劉宗周（1578～1645，字起東，號念臺，又號克念子）〔註41〕	（1）先生既言「格致即《中庸》明善之功，不離學、思、問、辨、行」，則與朱子之說何異？〔註42〕 （2）志道懇切，固是誠意，然急迫求之，則反爲私己，不可不察也。日用間何莫非天理流行，但此心常存而不放，則義理自熟。孟子所謂：「勿忘勿助，深造自得」者矣。……此語自是印過程、朱。〔註43〕	認爲陽明之說不離實踐，與朱子並非相異；更認爲陽明之學有得於程朱之學。

〔註36〕《涇臯藏稿》〈簡伍容菴學憲・又〉卷四，頁45
〔註37〕《涇臯藏稿》〈心學宗序〉卷六，頁86。
〔註38〕高攀龍生卒年參考楊家駱：《歷代人物年里通譜》，頁469。
〔註39〕《高子遺書》〈陽明說辨一〉卷三，頁49
〔註40〕《高子遺書》〈陽明說辨一〉卷三，頁51。
〔註41〕《劉宗周全集》〈附錄二・蕺山劉子年譜〉，頁53記載蕺山生於明萬曆六年戊寅春正月（1578年）；頁171記載卒於順治二年乙酉閏六月（1645年）。
〔註42〕《劉宗周全集》〈補遺一・陽明傳信錄一〉，頁5。
〔註43〕《劉宗周全集》〈補遺一・陽明傳信錄一〉，頁3。

		(1) 文成之良知，紫陽之格物，原非有異。如主文成，則天下無心外之物，無物外之心……，皆因吾心原有此物。起一念事親則親即是物，起一念事君則君即是物，知與物不相離者也。如主紫陽，則今日格一物，明日格一物，詩書文字，千言萬語，只是說明心性不是靈知原在吾心，如何能會文切理，通曉意義；且一旦豁然，則格物即是知。〔註45〕	認爲陽明的「良知」與朱子之「格物」並非相異，皆有在「心」上說。朱子窮理之說並非僅於見聞，而陽明的正物之說亦不離人倫。
清 19	孫奇逢（1584～1675，字啓泰，一字鍾元）〔註44〕		
		(2) 今就格物而論，朱子謂窮理，陽明謂爲善去惡是格物。某常思之。朱子謂：「理有未明，則知有未盡。」若偏以窮理屬知也。又曰：「凡物必有當然之則，而自不容己。所謂理也，外而至於人，則人之理不異於己；遠而至於物，則物之理不異於人。」由此言之，亦是求理於心，非就事物而求其理也，豈如後人向一草一木而求其理乎？陽明謂：「格者，正也。物之得其正，而理始極其明。如事父，不成向父上尋箇事的道理？只盡吾心之孝。」此固是求理於心，然欲爲善去惡，捨窮理又何由辨乎？窮理正爲善去惡功夫。總之，窮理者，聖學之首事；正物者，聖學之結局。〔註46〕	
清 20	孫承澤（1593～1676，字耳北，號北海）著《考正晚年定論》	考正者，改正其謬也。或曰：「陽明一生牴牾朱子，晚作定論，悔而尊朱子也。」余曰：「否。」否此陽明深詆朱子也……。陽明獨於文集中摘三十條以爲定論，又不言晚年始於何年；但取偶然謙抑之辭，或隨問而答之語，及早年與人之筆徵，涉頓悟而不事問	針對《朱子晚年定論》加以駁斥，認爲陽明作此書並非尊朱，而是詆誣朱子。

〔註44〕《清儒學案》〈夏峰學案〉卷一，頁2記載康熙十四年（1675年）卒，年九十有二，推得生於1584年。
〔註45〕《清儒學案》〈夏峰學案·四書近指〉卷一，頁3。
〔註46〕《夏峰先生集》〈答常二河〉卷二，頁70～71。

		學，與陸子靜合者，俱坐晚年，以爲晚而自悔，始爲定論……。〔註47〕	
清21	黃宗羲（1610～1695，字太沖）〔註48〕	（1）陽明先生：「無善無惡心之體。」亦猶《中庸》：「上天之載，無聲無臭。」恐人以形象求之，非謂并其體而無之也……。用微云：「陽明之知，當體本空者也，是佛氏眞空之知慧，可謂癡人前說不得夢矣。」又云：「陽明之學，與程、朱主敬窮理之學不同。」夫致良知，非主敬窮理，何以致之？〔註49〕 （2）先生之學，以尊德性爲宗，謂：「先立乎其大，而後天之所以與我者，不爲小者所奪。夫苟本體不明，而徒致功于外索，是無源之水也。」同時紫陽之學，則以道問學爲主，謂：「格物窮理，乃吾人入聖之階梯。夫苟信心自是，而惟從事于覃思，是師心之用也。」〔註50〕	爲陽明之學說捍衛、解說，並針對陽明被批評爲佛氏之說加以澄清。另外更說明朱熹與象山皆屬聖學，尊德性與道問學需同等重視之。
清22	張履祥（1611～1674，字考夫，號念芝）〔註51〕	（1）弟嘗深疾夫近代之好爲異論者，如體用本一原也，而倡爲有體無用、有用無體之說；三教本三門也，而倡爲三教一門之說；知行本二也，故言知先行後可也，知行並進可也，而倡爲知行合一之說；君子反經而已矣……。人心之不同，有如期面，爲斯理，天下古今一也。推其本末，「心即理也」，陸氏之說，而王氏祖述之。亦非陸氏之說，西來直指心體之說，而陸氏符合之。此說一倡，師心自用之學大熾……。	批評陽明與象山「心即理」之說造成流弊。對陽明「知行合一」等諸說，認爲是假藉聖人之言以符合己說。舉出象山之「心即理」而只在四端上論述，認爲象山否定「窮理」的意義。

〔註47〕《考正晚年定論・序》，頁1。
〔註48〕《清儒學案》〈南雷學案〉卷二，頁67記載康熙三十四年（1695年）卒，年八十六，推得生於1610年。
〔註49〕《清儒學案》〈南雷學案・與友人論學書〉卷二，頁76。
〔註50〕《宋元學案》〈象山學案〉卷五十八，頁6。
〔註51〕張履祥生卒年參考《楊園先生全集》〈點校說明〉，（北京：中華書局，2002年7月第一版），頁1。

		〔註52〕	
		（2）孟子之「良知」、「良能」之言，大約因自暴自棄，即性無善惡，以仁義爲外者發……。非若姚江「知行合一」之說也。姚江特假此言，以證成其直截頓悟之說耳。大概姚江解書，一味驅率聖人之言以從己意，未嘗虛心詳玩，以求其理之當否也。〔註53〕	
		（3）象山教人以擴充四端……。未嘗非孟子之旨，但孟自知言心，有等、殺之心也……。夫惻隱而無權度，則其弊栢至摩頂放踵而爲之……。故「窮理」爲要也，苟理明而義精，則或出或處，或默或語，皆將合乎規矩方圓之至，而時措之宜矣。象山黜「窮理」爲非是，欲舍規矩而自爲方圓也……。知其理之一，而不知其分之殊，所由流入於二氏，而其勢不可以止也。〔註54〕	
清 23	陸世儀（1611～1672，字道咸，號剛齋，又號桴亭）〔註55〕	（1）凡讀人制作，須是徹首徹尾，看他意思所在，然後方可立論。如周子〈太極圖說〉，若不看他通篇，則以首句爲二氏，亦不爲過？……象山以客氣帶人，遇前人制作，不論全篇，只摘一二字詆排呵叱，此豈聖賢平心之論？〔註56〕	認爲象山並非二氏之說，不可因某文句即定位象山爲道、禪。而陽明「致良知」之說亦可取，但「無善無惡」之說並非妥當。至於「朱陸異同」問題，則不應過度渲染。
		（2）陽明「致良知」三字尚不妨，獨「無善無惡謂之性，有善有惡謂之意，知善知惡是致知，爲善去惡是格物」四語宗旨未妥……。〔註57〕	
		（3）鵝湖之會，朱、陸異同之辨，古	

〔註52〕 《楊園先生全集》〈答陳乾初〉卷二，頁31。
〔註53〕 《楊園先生全集》〈答沈德孚〉卷四，頁86。
〔註54〕 《楊園先生全集》〈與何商隱〉卷五，頁110～111。
〔註55〕 陸世儀生卒年參考楊家駱：《歷代人物年里通譜》，頁502。
〔註56〕 《思辨錄輯要》〈天道類〉卷二十三，頁199～200。
〔註57〕 《思辨錄即要》〈諸儒類〉卷三十一，頁293。

		今聚訟，不必更揚其波。但讀兩家年譜所記，朱子則有謙謹求益之心，象山不無矜高揮斥之意，此則後人所未知耳。〔註58〕	
清 24	顧炎武（1612～1681，字寧人，號亭林）〔註59〕著《日知錄‧朱子晚年定論》	(1) 王文成所輯《朱子晚年定論》，今之學者多信之。不知當時羅文莊已嘗與之書而辯之矣……。東筦陳建作《學蔀通辯》，取《朱子年譜》、《行狀》、《文集》、《語類》，及與陸氏兄弟往來書札，逐年編輯而為之辯曰：「朱陸早同晚異之實……。」〔註60〕 (2) 宛平孫承澤謂：「朱子一生，效法孔子。進學必在致知，涵養必在主敬，德性在是，問學在是。如謬以朱子為支離、為晚悔，則是吾夫子所謂好古敏求、多聞多見、博文約禮，皆早年之支離，必如無言、無知、無能為晚年自悔之定論也。」以此觀之，則《晚年定論》之刻，真為陽明舞文之書矣。〔註61〕	贊同陳建《學蔀通辨》之說法，認為朱陸「早同晚異」。另方面批評陽明《朱子晚年定論》乃舞文弄墨之作，且捍衛朱子之問學並非支離。
清 25	張烈（1622～1685，字武成）〔註62〕著《王學質疑》	(1) 朱陸同異，非其互為異也，乃陸之異於朱耳。天下之道，不容有二……。惟朱子之書，廣大精深，無所不備……。〔註63〕 (2) 夫陸子直指人心，使人反而求之在己……。守一心自以為足，曰學者學此而已，問者問此而已，甚至以為《六經》皆我註腳……。及陽明出，而以致良知為說，竊《大學》、《孟子》之言，以文其佛老之實，於宋則取象山……。〔註64〕	批評陸子立論過於易簡、陽明之學為佛老之說，唯朱子之學為正統。

〔註58〕《思辨錄輯要》〈諸儒類〉卷三十，頁285
〔註59〕《清儒學案》〈亭林學案〉卷六，頁269記載康熙二十年（1681年）卒，年七十，推得生於1612年。
〔註60〕顧炎武：《日知錄‧朱子晚年定論》卷十八，頁1061～1063。
〔註61〕《日知錄‧朱子晚年定論》卷十八，頁1065。
〔註62〕張烈生卒年參考楊家駱：《歷代人物年里通譜》，頁516。
〔註63〕《王學質疑》〈附錄‧朱陸同異論〉卷五，頁1。
〔註64〕《王學質疑》〈附錄‧朱陸同異論〉卷五，頁1～3。

清 26	費密（1623～1699，字此度，號燕峰）〔註65〕著《弘道書》	九淵言本心而略經傳，又非程頤、程顥，其徒不盛……。熹本道德性命之說，更爲《集註》，力排七十子、古今諸儒，獨取二程……。王守仁尊信古本《大學》，取朱熹晚年所言乃定論，此聖門時將復之機。奈守仁不深稽經文，求七十子之舊，正聖人立教本旨，雖以朱熹窮理格物爲非，而復溯九淵本心之說，改九淵接孟軻，更欲以截然自樹立爲致良知，一時學者喜新好異，紛紛去朱而從王，自此窮理良知二說竝立，學者各有所好，互相仇敵……。〔註66〕	認爲道脈淵源不可忽視孔子所傳承之六經、七十子；對於古賢經典應守之。但陽明立良知之說則排除朱子的窮理，此新說造成對立，而產生門戶之見。
清 27	党成（1615～1693，字憲公，號冰壑）〔註67〕	（1）若粗論其同，二家皆爲君子，皆欲持世教，皆欲崇天德，皆欲無私無，其秉心似無大異者。而實究其學宗，則博文約禮者，孔、顏之家法，屢見於《論語》，朱子得乎其正矣！陸氏乃言「《六經》皆我註腳」……；蓋倚「吾心即宇宙，宇宙即吾心」之見而偏焉者也。〔註68〕 （2）象山議論猶其近理者，至陽明則其大亂眞者也……。不尊德行，不可謂道問學；不道問學，不可謂尊德行。若曰用力居多，此學便屬偏曲；〈項平父書〉雖出朱子，亦陽明《定論》中所隳括者，何可據以爲的實也？……今存養主敬許多話頭，皆聖賢精旨所在，人苟虛其心，平其氣，去其好惡之念，忘其先主之言，只於《四書》、《五經》、《性理大全》中將此等話頭一一領會，而不敢誣爲我心註腳，此道正義，可指日而了然矣。倘不屑務此，而醉心於《傳習》、《定論》諸	認爲朱陸二家皆爲君子而崇尙天德；然而朱子之說較得儒者之正統，因此批評象山之高論。另外，認爲陽明作《定論》之內容並非朱子全貌，因此勉勵當時之人應對聖賢之書應仔細言讀，而不應求於陽明之《傳習錄》、《定論》等著作。

〔註65〕《清儒學案》〈諸儒學案十三〉卷二百七，頁 8043 記載康熙三十八年（1699年）卒，年七十有七，推得生於 1623 年。

〔註66〕費密：《弘道書》〈道脈譜論〉卷上《續修四庫全書》子部，儒家類，（上海：上海古籍出版社，2003 年 5 月第一版一刷），頁 13～14。

〔註67〕党成生卒年參考楊家駱：《歷代人物年里通譜》，頁 506。

〔註68〕《清儒學案》〈婁山學案〉卷二十八，頁 1092。

		書……，皆不肯解作讀書；《大學》格物，只解爲「爲善去惡」，令人一見，即爲所惑……。〔註69〕	
清 28	李顒（1627～1705，字中孚，學者稱二曲先生）〔註70〕	夫學必徹性地而後爲眞學，證必徹性地而後爲實證，若不求簡安頓著落處，縱闡盡理道，總是門外輥……。《學蔀通辨》，陳清瀾氏有爲爲之也。是時政府與陽明有隙，目其學爲禪，南宮策士，每以尊陸背朱爲口實，至欲人其人，火其書……。中間牽強附會，一則曰禪陸，再曰禪陸，借陸掊王，不勝詞費，學無心得，何可據爲定論！來書謂：「陽明之學，天資高明者得力易；晦庵之學，質性鈍者易持循。」……昔鳳麓姚公遇友以陽明爲詬病，公曰：「何病？」曰：「惡其良知之說也。」公曰：「……自良知之說出，乃知人人固有之，即庸夫小童，皆可反求以入道。此萬世功也，子曷病？」其人豁然有醒。由斯以觀陽明之學，徹上徹下，上中下根，俱有所入，得力蓋尤易，豈必天資高明者始稱易耶？〔註71〕	認爲陽明之學說無問題，「良知」教法徹上徹下，使人有所入。而陳建之《學蔀通辨》乃牽強附會，妄批陸、王之學爲禪，非正確之論。
清 29	湯斌（1627～1687，字孔伯，號荊峴，又號潛庵）〔註72〕	朱子曰：「靜者，性之眞也，涵養中體出端倪，則一一皆爲己物。」豫章、延平師友相傳，皆是此意。其曰窮理者，亦窮天所與我之理也，故可以盡性而至命。博學、審問、愼思、明辨皆其功也。後人失其精意，遂至沈溺訓詁，泛濫名物，幾於支離而無本。王守仁致良知之教，返本歸原，正以救末學之流弊。然或語上而遺下，偏重而失中，門人以虛見承襲，不知所以致之之方。至王畿四無之說出，……失其宗旨，其流弊有甚者焉。故羅洪先有世間無現成良知之說，而顧憲成、高攀龍亦主性善之論。夫儒者於極重難返之際，深憂大懼，不得已補偏救弊，固吾道之所賴以存……。〔註73〕	認爲朱子之後學者失朱子學本意，流於支離而無本；陽明「良知」教法反救此弊。而王學至後亦有流弊而失王門宗旨。

〔註69〕《清儒學案》〈婁山學案〉卷二十八，頁1093。
〔註70〕李顒生卒年參考楊家駱《歷代人物年里通譜》，頁522。
〔註71〕《清儒學案》〈二曲學案・文集・答張敦庵書〉，頁1109。
〔註72〕湯斌生卒年參考楊家駱：《歷代人物年里通譜》，頁523。
〔註73〕《清儒學案》〈潛庵學案・學言〉卷九，頁442。

清 30	陸隴其（1630～1692，字稼書）〔註74〕著《問學錄》、〈學術辨〉	誠篁墩之《道一編》、王陽明之《朱子晚年定論》，其意旨欲以朱合陸，此皆所謂援儒入墨，較之顯背紫陽者，其失尤甚……。〔註75〕	反對「朱陸同」，並強烈批陽明為禪學，否定陽明所宣稱的「朱子晚年定論」。
清 31	邵廷采（1648～1711，字允斯，又字念魯）〔註76〕	晦庵朱子，集諸儒之成，傳《四書》、《詩》、《易》，修通鑑綱目，老、佛之流息，孔子之道著……。沿及於明時，用經義取士，浸以性理開利祿之門，人心苟趨科目，不修身體道為事，庠序之設雖睬，先賢餘澤衰矣……。正德、嘉靖之際，道統萃於陽明；陽明氣象類孟子、明道，至出處就功之跡，覺知先民之意，則往往近於伊尹，閩學者久牽文義，特本原性善開迪良知……。陽明祖述孔、孟，直示以萬物皆備、人皆可為堯舜之本，曲成誘人，於是為至。其與朱子存心致知之教，蔑有二也！然當是時禪宗盛行，門人不能謹持師說，每以禪宗所得舉歸之師，而墨守朱傳者，則悉以聖人之精微，讓之佛氏。又陽明天資踔絕，高明者自聞其說輒不喜為積累集義之學，矯枉則直必過，固當為後人受其咎者也……。〔註77〕	認為陽明之說類似孟子、明道，贊同「良知」之說；王學之失乃因後學涉入禪學而為朱子後學者所批評。
清 32	熊賜履（1635～1709，字敬修，孝昌先生）〔註78〕著《閑道錄》	（1）洙泗之說，唯朱子得其正。……自秦漢以來未有朱子；朱子乃三代以後絕無僅有之一人。〔註79〕 （2）晦庵似孟軻而周詳過之，象山似曾皙而狂放過之。間嘗罕譬而喻，晦庵是字紙，象山是白紙；晦庵是有星秤，象山是無星秤，知道者自能辨之。〔註80〕	以朱子學為正統，批評象山之學無實見，且陽明只是延續象山之說而已。

〔註74〕《清儒學案》〈三魚學案〉卷十，頁466記載康熙三十一年（1692年）卒，年六十三，推得生於1630年。

〔註75〕《陸稼書先生問學錄》卷一，《四庫全書存目叢書》，頁9。

〔註76〕邵廷采生卒年參考楊家駱：《歷代人物年里通譜》，頁546。

〔註77〕《思復堂文集》〈姚江書院傳〉卷一，頁151。

〔註78〕《清儒學案》〈孝感學案〉卷三十八，頁1427記載康熙四十八年（1709年）卒，年七十有五，推得生於1635年。

〔註79〕《閑道錄》卷中，頁29。

〔註80〕《閑道錄》卷中，頁28。

		（3）陽明，象山之功臣。〔註81〕	
清 33	李紱（1675～1750，字巨來，號穆堂）〔註82〕著《朱子晚年全論》	朱子與陸子之學，早年異同參半，中年異者少同者多，至晚年則符節相合也。朱子論陸子之學，陸子論朱子之學，早年疑信參半，中年疑者少信者多，至晚年則冰炭之不相入也。陸子之學，自始至終確守孔子義利之辨與孟子求放心之旨，而朱子早徘徊於佛老，中鑽研於章句，晚始求之一心。〔註83〕	較客觀論述朱子與陸子，分述「朱陸之說」與「朱陸互論」；並強烈批判陳建。
清 34	章學誠（1738～1801，字實齋）〔註84〕著《文史通義》之〈浙東學術〉、〈朱陸〉等篇	（1）朱陸異同，干戈門戶，千古桎梏之府，亦千古荊棘之林也。究其所以紛綸，則惟空言而不切於人事耳……。浙東之學，雖源流不異而所遇不同，故其見於世者，陽明得之為事功，蕺山得之為節義，黎洲得之為隱逸……。首受雖出於一，而面目迥殊，以其各有事事故也。比不事所事，而但空言德行，空言問學，則黃茅白葦，極面目雷同，不得不殊門戶以為自見地耳，故惟陋儒則爭門戶也。〔註85〕 （2）宋儒有朱陸，千古不可合之同異，亦千古不可無之同異也；末流無識，爭相詆詈，與夫勉為解紛，調停兩可，皆多事也。〔註86〕	儒學為一，但面目殊異。認為朱、陸之學說本有相異，異有同處；若爭相求同或異，只是多生事，而造成門戶之見。
清 35	唐鑑（1778～1861，字栗生，號鏡海）	（1）聖人之學，格致誠正修齊治平而已，離此者畔道，不及此者遠於道者也……。〔註88〕	批評陽明之「無善無惡說」，推崇陸隴其對陽

〔註81〕《閑道錄》卷中，頁28。
〔註82〕穆堂之生卒，筆者參閱楊朝亮：《李紱與陸子學譜》（北京：中國社會科學出版社，2005年2月第一版），頁7～8之考據，生於康熙十四年，卒於乾隆十五年（1675～1750），年七十有六。
〔註83〕《朱子晚年全論・自序》，頁292。
〔註84〕《清儒學案》〈實齋學案〉卷九十六，頁3878中記載嘉慶辛酉年（1801年）卒，年六十四，推得生於1738年。
〔註85〕章學誠：《文史通義》〈內篇二・浙東學術〉（臺北：國史研究室，漢聲出版社，民國62年11月重印三版），頁52～53。
〔註86〕《文史通義》〈內篇二・朱陸〉，頁53。
〔註88〕《國朝學案小識》〈學案小識敘〉，頁1。

	〔註87〕編《國朝學案小識》	（2）自平湖陸先生始重傳道也。有先生之辨之力，而後知陽明之學斷不能傅會於程朱；有先生之行之篤，而後知程朱之學斷不能離……。〔註89〕 （3）「無善無惡」之說，倡天下有心而無性矣……。爲陽明之學者，推闡師說，各逞所欲，各便所私；此立一宗旨，彼立一宗旨，愈講愈誕，愈肆愈狂……。〔註90〕	明的批評而尊崇程朱之學，且側重《大學》八目之爲學次第。
清36	夏炘（1789～1871，字心伯）〔註91〕著《述朱質疑》	（1）朱子生伊洛之後，溯洙泗之統，平生爲學以主敬以立其本……。至於朋友師弟問答諸書，或言涵養或言主一，或言持守或言提撕警覺，或言博覽之非，或言記問之醜，皆不過補偏就弊，因人設教而已。後世論朱子之學者，拾其單篇碎句，隻義孤詞，輒指而目之曰：「是與易簡工夫之說合，是與識其本心之論同，是即所謂先立乎大，切戒支離也……。」影響附會，儱侗不分，以是爲朱子之全論，適足形一己之偏私，與朱子果何損乎？〔註92〕 （2）臨川李穆堂先生爲金谿之學，《晚年全論》一書，聞之久矣……。此書不過爲《學蔀通辨》報仇，無他意也。朱陸之學，晚年冰炭之甚，此《通辯》之說，雖百喙亦莫能翻案……。所引朱子之書，凡三百五十餘條，但見書中有一「心」字、有一「涵養」字，有一「靜坐」、「收斂」等字，便	尊崇朱子之學，認爲朱子去支離等諸說，並非朱子之完整論述；批評調和者引用朱子文句偏頗過度、視文句類似即說「朱陸同」。

〔註87〕 《清儒學案》〈鏡海學案〉卷一百四十，頁5512中記載唐鑑咸豐十一年（1861年）卒，年八十有四，推得生於1778年。

〔註89〕 《國朝學案小識》〈學案小識敍〉，頁3。

〔註90〕 《國朝學案小識》〈學案提要〉，頁1～4。

〔註91〕 《清儒學案》〈心伯學案〉卷一百五十五，頁6024中記載夏炘同治十年（1871年）卒，年八十三，推得生於1789年。

〔註92〕 《述朱質疑》〈朱子因人論學言各有當說〉卷十，《景紫堂全書3》，頁5。

		謂之同於陸氏。不顧上下之文理，前後之語氣⋯⋯。朱子誨人，各因其材⋯⋯。乃見朱子書中有箴學者溺於記誦語，則曰：「此朱子晚年悔支離之說」、「此朱子晚年咎章句訓詁之說。」〔註93〕	
清 37	羅澤南 （1807～1856，字仲嶽，號羅山）〔註94〕著《姚江學辨》	（1）吾謂陽明〈傳習錄〉、〈大學問〉論學諸書，亦可以一言蔽之曰：「無善無惡」。無善無惡，陽明所不常言也。其說本之告子，出之佛氏。常言之，則顯入於異端，而不得託於吾儒也。然而千言萬語，闡明致良知之旨，究竟發明無善無惡之旨，陰實尊崇夫外氏，陽欲篡位於儒宗也。〔註95〕 （2）古今之深詆朱子者，莫如王陽明一人也。人皆謂其「致良知」之說與朱子「格物致知」異，而不知其所以與朱子異者，不僅在格物致知也⋯⋯。何獨於朱子之格致詆之如是之深耶？⋯⋯。其本體異也、其大用異也⋯⋯。朱子予以性爲有善無惡，陽明以性爲無善無惡也。朱子以性爲理，心不可謂之性；陽明以心爲性，吾心之靈覺即天理也⋯⋯。朱子以仁義禮智爲性之本，然陽明以仁義禮智爲心之表德也⋯⋯。〔註96〕 （3）一日舉而闢之，無以杜天下之口，乃錄其言之與己相似者，著爲《朱子晚年定論》，謂朱子悟後之論，實與吾道相脗合。今觀其書，有於全文中摘錄其一段，而首尾之異己者去之矣；有朱子中年之書，指爲晚年者矣。夫不	批評陽明「無善無惡」之說出於告子、佛氏，認爲陽明主張「性無善惡」。另方面，批評《定論》考據未詳，且斷章取義；《定論》所舉之「朱子晚年」之說不可取。

〔註93〕《述朱質疑》〈與詹小澗茂才論朱子晚年全論書〉卷十，《景紫堂全書3》，頁2
〔註94〕羅澤南生卒年參考楊家駱：《歷代人物年里通譜》，頁690。
〔註95〕羅澤南：《姚江學辨》《續修四庫全書》卷一，（上海：上海古籍出版社），頁449～450。
〔註96〕《姚江學辨》卷二，頁491。

		知其晚年，而誤以爲晚年可也？觀其答整庵曰：「中間年歲早晚誠有未考。」是又明知其非晚年之書，誣之以欺人也。〔註97〕	
此附錄共計 37 位學者，其中大多數於本文第三章中曾論及；歷代談論有關「朱陸異同」或「朱王異同」之學者甚多，筆者於此稍作整理，作爲此段爭論史的大要勾略。			

〔註97〕《姚江學辨》卷二，頁 492。

附錄二　朱子之重要年代勾勒

　　下表乃筆者根據束景南先生之《朱熹年譜長編》內容整理得來，並無筆者個人新解，且僅舉出筆者個人認為於本文較有相關之內容。列出用意，乃方便理解朱子各年齡的重要思想歷程與著作。另方面為求簡便，敘述後附上《朱熹年譜長編》之頁碼而不再加註。

年　　　代	著　作　與　重　要　事　件
建炎四年（1130）庚戌，一歲	世居徽州婺源縣萬安鄉松巖里。（頁 3）
紹興五年（1135）乙卯，六歲	朱熹初見延平李侗，約是此年。（頁 37）
紹興八年（1138）戊午，九歲	劉勉之應召入都，朱熹初見劉勉之。（頁 53）
紹興十年（1140）庚申，十一歲	七月，朱松往崇安訪劉子翬，朱子初見劉子翬約在此時。（頁 62）
紹興十三年（1143）癸亥，十四歲	（1）三月二十四日，朱松卒於建安環溪寓舍。疾革時手書以家事託劉子羽，命朱熹稟學於武夷三先生：籍溪胡憲、白水劉勉之、屏山劉子翬。（頁 72～73） （2）朱熹入劉氏家塾，受學於劉子翬、劉勉之、胡憲三先生。（頁 76） （3）朱熹始讀二程與張載之書，用力於二程為己之學。劉勉之、劉子翬授以張載〈西銘〉。（頁 81）
紹興十四年（1144）甲子，十五歲	在劉子翬處初見密庵主僧、宗杲弟子道謙禪師，向其學禪，出入佛老十餘年自此始。（頁 87）
紹興十八年（1148）戊辰，十九歲	（1）春正月，娶劉勉之長女劉清四。（頁 112） （2）二月，參加省試，以道謙禪說中舉。（頁 116）

紹興十九年（1149）己巳，二十歲	全面讀《六經》、《語》、《孟》，曉知大義，學問思想發生轉折。（頁129）
紹興二十年（1150）庚午，二十一歲	道謙自衡陽歸密庵，朱熹屢至山中，與道謙朝夕咨參問道，書牘往還學禪。（頁138）
紹興二十一年（1151）辛未，二十二歲	（1）赴臨安銓試中等，授左迪功郎，泉州同安縣主簿，待次。（頁142） （2）建齋室名「牧齋」，日讀《六經》、百氏之書。（頁146）
紹興二十二年（1152）壬申，二十三歲	（1）學禪自牧，致書道謙問禪。（頁150） （2）秋間耽讀道經，學長生飛仙之術。（頁153） （3）九月，道謙卒，有文往祭之。（頁153） （4）冬間，齋居修道，作焚修室，擬〈步虛辭〉，仿道士步虛焚修。（頁154） （5）始得周敦頤《太極通書》而讀之。（頁156）
紹興二十三年（1153）癸酉，二十四歲	（1）春間，作〈牧齋記〉，為其牧齋三年讀儒經與出入佛老之總結。（頁161） （2）五月，赴泉州同安縣主簿任，經武夷山訪沖佑觀道士。（頁162） （3）經南劍，見延平李侗，與談學禪有得，不為李侗所肯。（頁162）
紹興二十五年（1155）乙亥，二十六歲	（1）朱熹在福州初識呂大器、呂祖謙父子。（頁188） （2）是春，往梅陽見大慧宗杲。（頁189） （3）十月一日，張震乞申勅天下學校禁二程之學。（頁197） （4）十月二十二日，秦檜死，程學解禁，其後多於縣學〈策問〉中抨擊秦檜，主倡程學。（頁198） （5）編訂〈牧齋淨稿〉。（頁200）
紹興二十六年（1156）丙子，二十七歲	（1）在泉客邸潛讀《孟子》，通曉《孟子》意脈，《孟子集解》始於此。（頁219） （2）得謝良佐《上蔡語錄》，潛心研讀。（頁220）
紹興二十七年（1157）丁丑，二十八歲	（1）春，再還同安候代者。（頁223） （2）始有書致延平李侗問學，六月二十六日，李侗有答書，勉其於涵養處用力；從學延平李侗於此始。（頁225） （3）十月，代者不至，以四考滿罷歸。（頁226）
紹興二十八年（1158）戊寅，二十九歲	（1）春正月，徒步往見李侗於延平，問忠恕一貫之旨，至三月而返。（頁230） （2）研讀《論語》，與胡憲、范如圭書簡往返討論忠恕一貫之旨，與李侗理一分殊思想相合，作〈忠恕說〉。（頁232） （3）九月，作〈存齋記〉遺許升。（頁235） （4）十一月，讀《論語》、《春秋》、《孟子》，有與李侗學問答諸書，再論忠恕一貫之旨與灑然融釋之說。（頁236）

紹興二十九年（1159）己卯，三十歲	（1）三月，校訂成《上蔡先生語錄》，胡憲作跋。（頁 241） （2）與許升書箚往還，討論喪禮，修改〈存齋記〉文。（頁 246） （3）草成《論語集解》。（頁 248）
紹興三十年（1160）庚辰，三十一歲	（1）五月，研讀《論語》、《孟子》與《太極通書》，搜輯周敦頤遺文寄李侗，有與李侗論學答問書，討論主靜存養與灑然融釋之說。（頁 251） （2）有與李侗論學答問書，討論《語》、《孟》注解。（頁 254） （3）《孟子集解》稿成，多與書程洵討論蘇、程之學。（頁 264）
紹興三十一年（1161）辛巳，三十二歲	（1）二月，有與李侗論學答問書，討論周敦頤〈太極圖說〉等。（頁 266） （2）五月，有與李侗論學答問書，討論《論語》等，李侗稱其能漸灑然融釋。（頁 267）
紹興三十二年（1162）壬午，三十三歲	（1）春正月，拜謁李侗於建安，遂與俱歸延平。（頁 275） （2）四月十二日，胡憲卒，有祭文。（頁 277） （3）有與李侗論學答問書，討論仁學、理一分殊。（頁 279）
隆興元年（1163）癸未，三十四歲	（1）《論語要義》、《論語訓蒙口義》成。（頁 297） （2）《毛詩集解》稿成。（頁 298） （3）編訂《延平答問》。（頁 303） （4）十月十五日，李侗卒於福州。（頁 305） （5）十月十九日，至都下，有書致呂祖謙，二人學術來往自此始。（頁 306） （6）十月二十四日有旨引見，十一月六日登對，奏事垂拱殿。（頁 306） （7）十一月十二日，除武學博士，待次。（頁 308） （8）在都下與張栻見面相識，討論主戰用兵。（頁 311） （9）十二月十二日，離臨安歸。（頁 313）
隆興二年（1164）甲申，三十五歲	《雜學辨》成。（頁 328）
乾道二年（1166）丙戌，三十七歲	（1）編訂周敦頤《通書》，印刻於長沙。（頁 348） （2）五月，何鎬書來問學，二人講論學問自此始。（頁 353） （3）六月，蔡元定始來問學，講論經義。（頁 353） （4）六月，與張栻討論已發未發，建立中和舊說。（頁 355） （5）七月，修訂《孟子集解》。（頁 359） （6）七月，編訂《二程語錄》。（頁 360） （7）九月，始悟「主敬」思想。（頁 361） （8）九月，《論語要義》刻版於邵武府學。（頁 362） （9）九月，編訂《張載集》。（頁 363）

	（10）十月，劉珙刻《二程先生文集》於長沙，張栻校訂。與張栻、劉珙討論校正《二程先生文集》，遂自校訂《程集》。（頁364）
	（11）十月，編集《雜學辨》，由何鎬作跋行之。（頁365）
乾道四年（1168）戊子，三十九歲	（1）四月十日，再修訂《謝上蔡語錄》。（頁389）
	（2）四月二十日，編訂《程氏遺書》成，校訂刻版於泉州。（頁390）
	（3）四月，崇安大饑。（頁392）
乾道五年（1169）己丑，四十歲	（1）是春，與蔡元定講學，頓悟中和新說，確立生平學問大旨，作〈已發未發說〉寄張栻。（頁406）
	（2）四月，以所得明道先生遺文九篇寄張栻，刻於長沙府學。（頁409）
	（3）九月五日，丁母祝孺人憂。（頁417）
	（4）十月，校訂成《程氏易傳》，由呂祖謙刻於婺州。（頁420）
乾道六年（1170）庚寅，四十一歲	（1）春正月，葬祝孺人於建陽。（頁424）
	（2）廬墓守喪，建寒泉精舍。（頁425）
	（3）是春，草成《太極圖說解》，寄張栻、呂祖謙討論，至閏五月修訂成《太極圖說解》。（頁426）
	（4）是秋，草成《西銘解》，寄張栻、蔡元定、呂祖謙討論。（頁439）
	（5）校訂程氏《遺書》、《文集》、《經說》，由鄭伯熊刻版於建寧。（頁441）
乾道七年（1171）辛卯，四十二歲	十二月，《知言疑義》成。（頁456）
乾道八年（1172）壬辰，四十三歲	（1）春正月，《語孟精義》成，鋟版於建陽。（頁458）
	（2）八月一日，編訂《中和舊說》。（頁464）
	（3）《八朝名臣言行錄》成，刻版於建陽。（頁471）
	（4）十月一日，修訂《西銘解》成，作〈西銘後記〉以序定之。（頁472）
	（5）與張栻討論《洙泗言仁錄》，展開仁學論辯，作〈仁說〉、〈巧言令色說〉。（頁475）
	（6）《大學章句》、《中庸章句》草成，寄張栻、呂祖謙討論。（頁479）
乾道九年（1173）癸巳，四十四歲	（1）四月十六日，序定《太極圖說解》。（頁487）
	（2）六月，《程氏外書》編成。（頁491）
	（3）始與浙中學者呂祖儉、潘景憲、潘景愈書箚論學。（頁497）
	（4）《伊洛淵源錄》草成。（頁503）
	（5）繼續與張栻討論〈洙泗言仁錄〉與〈仁說〉，修改〈仁說〉。（頁506）

淳熙元年（1174） 甲午，四十五歲	（1）四月，編訂《大學》、《中庸》新本，分經、傳，重定章次，印刻於建陽。（頁 510） （2）與張栻、吳翌，呂祖儉等展開心說論辯，作〈觀心說〉。（頁 519）
淳熙二年（1175） 乙未，四十六歲	（1）四月二十四日，與呂祖謙至寒泉精舍，共編訂《近思錄》。（頁 527） （2）在寒泉精舍，與呂祖謙商定刪節《程氏遺書》而爲《程子格言》。（頁 528） （3）五月十六日，偕東萊呂祖謙赴鉛山鵝湖，二十八日至鵝湖，復齋陸九齡、象山陸九淵來會。（頁 529） （4）修訂《近思錄》，呂祖謙作〈題近思錄〉，刻版於婺州。（頁 537） （5）十一月，何鎬卒，往邵武哭弔，爲作墓碣銘與壙誌。（頁 540）
淳熙三年（1176） 丙申，四十七歲	（1）黃榦來學，初登師門。（頁 548） （2）三月十日，作〈雜書記疑〉，批評王蘋佛說。（頁 554） （3）作〈定性說〉。（頁 572） （4）作〈釋氏論〉，批判李之翰、李宗思佛說。（頁 572）
淳熙四年（1177） 丁酉，四十八歲	（1）陸九齡、陸九淵居母喪，書來問祔禮，有書答辯。（頁 583） （2）六月二十四日，《論語集注》、《或問》、《孟子集注》、《或問》、《大學章句》、《或問》、《中庸章句》、《或問》、《輯略》成，序定之。（頁 585） （3）冬十月二十二日，修訂《詩集解》成，序定之。（頁 591） （4）《易傳》成，序定之。（頁 594）
淳熙五年（1178） 戊戌，四十九歲	（1）在清湍密庵，始作《詩集傳》。（頁 600） （2）陸九齡、陸九淵書來，自訟鵝湖之會偏見之說。（頁 600） （3）七月，作胡憲行狀、劉子羽行狀。（頁 601） （4）八月，以史浩薦，差知南康軍，十七日辭。（頁 604）
淳熙六年（1179） 己亥，五十歲	（1）三月，陸九齡偕劉堯夫來訪於鉛山觀音寺，講論三日，有和陸九齡當年鵝湖寺韻。（頁 617） （2）校補張載《橫渠集》，由黃灝刻版於隆興。（頁 637） （3）十月，陸九淵弟子曹建來訪問學。（頁 639） （4）行視陂塘，發現白鹿洞故址，遂議復興建白鹿洞書院，發布〈白鹿洞牒〉，上狀申修白鹿洞書院。（頁 640）
淳熙七年（1180） 庚子，五十一歲	（1）二月二日，張栻卒，罷宴哭之，遣人祭奠。（頁 648） （2）三月，陸氏兄弟弟子萬人傑來問學。致書陸九淵問學。（頁 651） （3）三月十八日，白鹿洞書院建成，釋菜開講，自任洞主。作〈白鹿洞賦〉，定白鹿洞書院學規（頁 655～657）

	（4）七月，南康大旱，大修荒政。（頁673）
	（5）九月二十九日，陸九齡卒，有文祭之。（頁680）
	（6）十一月一日，補定《語孟精義》，改名爲《語孟要義》，刻版於隆興。（頁681）
淳熙八年（1181）辛丑，五十二歲	（1）二月，陸九淵來訪。十日，邀至白鹿洞書院講論「君子小人喻義利」章。（頁688）
	（2）七月二十九日，呂祖謙卒，爲位哭之，遣奠於其家。（頁706）
淳熙九年（1182）壬寅，五十三歲	（1）將《大學章句》、《中庸章句》、《論語集注》、《孟子集注》集爲一編，刊刻於婺州，是爲《四書集注》，經學史上「四書」之名始於此。（頁731）
	（2）十二月，吏部尚書鄭丙受王淮指使上疏反道學，蓋針對朱熹也。（頁755）
淳熙十年（1183）癸卯，五十四歲	（1）二月十五日，曹建卒，爲作墓表。（頁760）
	（2）諸葛千能（誠之）、包揚（顯道）來學，有書致陸九淵論學。（頁763）
	（3）作〈曹立之墓表〉成，爲陸學弟子所攻。（頁771）
	（4）六月五日，監察御史陳賈請禁僞學，專指朱熹。（頁772）
	（5）七月，始編《小學》之書。（頁773）
淳熙十一年（1184）甲辰，五十五歲	（1）二月，致書陸九淵問政，並寄〈曹立之墓表〉。（頁788）
	（2）刻版呂祖謙《大事記》於建陽。（頁792）
	（3）陳亮被累繫獄，凡七八十日方得釋，乃王淮主於治道學，針對朱熹。有書致陳亮論義利王霸之辨。（頁793）
	（4）九月十五日，致書陳亮，再論義利王霸之辨。（頁796）
	（5）十二月六日，編訂《張南軒文集》成，爲作序，刻版於建陽。（頁799）
淳熙十二年（1185）乙巳，五十六歲	（1）是春，與陳亮書箚往還論義利王霸之辨。（頁806）
	（2）梭山陸九韶以居士應詔入都，經武夷與朱熹面論無極太極。朱、陸太極論辯始於此。（頁817）
	（3）陸九淵寄來奏章，有書答之，爲其有葱嶺禪氣。（頁819）
	（4）陸九韶書來，論無極太極與〈西銘〉之說。（頁822）
	（5）陳亮書來，再論義利王霸之辨。（頁825）
	（6）十二月，作〈王氏續經說〉，乃針對陳亮之作〈類次文中子引〉，朱、陳義利王霸之辨至此結束。（頁828）
淳熙十三年（1186）丙午，五十七歲	（1）三月十六日，《易學啓蒙》成，序定之。（頁837）
	（2）五月，修訂《四書集注》，由廣西安撫使詹儀之印刻於桂林，四川制置使趙汝愚印刻於成都。（頁846）
	（3）十月，《詩集傳》成，作〈詩序辨說〉附後，刻版於建安。（頁851）

	（4）致書陸九韶，再論無極太極與〈西銘〉理一分殊之說。（頁855）
淳熙十四年（1187）丁未，五十八歲	（1）三月一日，《小學》書成。（頁860） （2）五月，致書陸九韶，停止太極論辯。又致書陸九淵，批評陸氏心學。（頁864） （3）九月六日，《通書解》成。（頁871）
淳熙十五年（1188）戊申，五十九歲	（1）陸九淵作〈荊國王文公祠堂記〉，激化朱、陸矛盾。致書劉孟容斥〈祠堂記〉。（頁880） （2）先是，歲前陸九淵書來，首指朱熹與陸九韶書「辭費而理不明」。正月十四日有答書，與陸九淵無極太極論辯開始。（頁881） （3）二月三日，始出《太極圖說解》、《西銘解》以授學者，爲作後跋。（頁886） （4）《周易本義》成。（頁911） （5）十一月八日，復書陸九淵，論無極太極。（頁944）
淳熙十六年（1189）己酉，六十歲	（1）致書陸九淵，論無極太極。朱、陸太極論辯至此結束。（頁953） （2）二月四日，正式序定《大學章句》。三月十八日，正式序定《中庸章句》。（頁955） （3）七月四日，陸九淵除知荊門軍，有書來告，致書答之。（頁964） （4）陸九淵書來，勉其一赴江東運使任。（頁967）
紹熙元年（1190）庚戌，六十一歲	（1）二月二十七日，殿中侍御史劉光祖上奏論道學非程氏之私言，乞定是非，別邪正。（頁977） （2）十月十一日，刊《四經》於郡。（頁994） （3）十一月十八日，北溪陳淳來受學。（頁1002） （4）十二月十日，刊四子（《四書》）於郡。（頁1008） （5）編《禮記解》，刊於臨漳。（頁1009） （6）刊刻《大學章句》、《近思錄》、《小學》、《家儀》、《鄉儀》、《獻壽儀》等於臨漳學宮。（頁1010）
紹熙三年（1192）壬子，六十三歲	（1）正月十三日，陸九淵在荊門會吏民講〈洪範〉「五皇極」一章，蓋針對朱熹之〈皇極辨〉。屢致書學者批評之。（頁1053～1054） （2）四月十九日，致書陸九淵。（頁1063） （3）修訂《四書集注》，由曾集刻版於南康（南康本）。（頁1064） （4）六月，考亭新居落成，居之。（頁1067） （5）十二月十四日，陸九淵卒，聞訃率門人往寺中爲位哭。（頁1082） （6）《孟子要略》成。（頁1083）

慶元元年（1195） 乙卯，六十六歲	（1）正月，陳亮卒，其子、婿來求墓銘，爲書墓碑。（頁 1205） （2）草封事數萬言，極陳姦邪蔽主之禍，明趙汝愚之冤。蔡元定入諫，以蓍決之，得〈遯〉之〈家人〉，遂焚奏稿，自號遯翁。（頁 1218）
慶元二年（1196） 丙辰，六十七歲	（1）正月二十日，趙汝愚卒於衡陽，往寒泉哭弔。（頁 1238） （2）與蔡元定作《周易參同契考異》初稿成。（頁 1247） （3）六月十五日，國子監上奏乞毀理學之書，朱熹《四書集注》與《語錄》在毀禁之列。（頁 1253） （4）十二月，監察御史沈繼祖奏劾朱熹，二十六日，落職罷祠。（頁 1272）
慶元三年（1197） 丁巳，六十八歲	（1）三月一日，《禮書》草成，定名《儀禮集傳集注》，即後來之《儀禮經傳通解》。（頁 1287） （2）閏六月六日，朝散大夫劉三傑論「僞黨」變而爲「逆黨」，指朱熹爲黨魁。（頁 1292） （3）《周易參同契考異》修訂成，由蔡淵刊刻於建陽。（頁 1294）
慶元四年（1198） 戊午，六十九歲	（1）八月九日，蔡元定卒於道州，有文祭之。（頁 1328） （2）王峴編輯朱熹文集，刊刻於廣南，致書王峴止之。（頁 1335） （3）是冬，分委李方子、李相祖、謝承之、黃榦、林夔孫、陳埴諸生修撰《尚書》集注，全面集《書傳》始於此。作〈二典〉〈三謨〉諸篇集傳。（頁 1340） （4）《楚辭集注》成。（頁 1343）
慶元五年（1199） 己未，七十歲	（1）二月六日，《楚辭辨證》成，編〈楚辭後語目錄〉。（頁 1350） （2）《周易參同契考異》再次修訂成，刊刻於建陽，是爲定本。（頁 1360）
慶元六年（1200） 庚申，七十一歲	（1）正月，《楚辭音考》成，刊刻於古田。（頁 1398） （2）閏二月，修訂《大學章句》成，有書致廖德明。（頁 1410） （3）九月，逝世。（頁 1411） （4）十一月二十日，葬於建陽縣唐石里之大林谷。（頁 1417）